EIN JAHR IN MEINEM GARTEN

EIN JAHR IN

Jacqueline van der Kloet

MEINEM GARTEN

Die Originalausgabe erschien 2019 unter dem Titel »Een jaar in mijn tuin«
bei Forte Uitgevers, Baarn / Hélène Lesger Books, Amsterdam
www.forteuitgevers.nl / info@hlbooks.nl

Copyright © 2019 Text by Jacqueline van der Kloet
www.jacquelinevanderkloet.nl
Copyright © 2019 Hélène Lesger Books, Amsterdam
info@hlbooks.nl
All rights reserved.

Fotos © Jacqueline van der Kloet, mit Ausnahme von:
Titia Brouwers: 87 r., 220 o.
Cor van Gelderen, PlantenTuin Esveld: 93, 95, 96
Manon Hazebroucq: 18
Eiko Hirako: 69 u.l.
Elwin Kok: blz. 214 u.l. und u.r.
Thérèse van der Lely: Umschlagvorderseite, 26, 29 u.r., 42 u.l., u.r., 43 o.l., o.r., M.l., u.l., u.r., 48, 54–55, 60, 61, 64 u.l., 65 o.l., o.r., 68, 88, 97, 148, 161 o.r., 195, 233 Reihe 3 M. und r., 236, 237, 259
Hélène Lesger: 21 o., 253 l.
Robert Mabic: Umschlagrückseite
Piet Oudolf: 62, 63
Maayke de Ridder: Vor- und Nachsatz, 9–12, 24 r, 209, 211, 213 o.r., 215, 217
Dirk Jan Smit: 145 M.u., 212
Desirée Wijtenburg: 145 o.r.

Book design: Volken Beck
Type setting and production: Wouter Eertink, Graven 13, Deventer

© 2021 GRÄFE UND UNZER VERLAG GMBH, München.
Alle Rechte vorbehalten. Nachdruck, auch auszugsweise, sowie Verbreitung durch Bild, Funk, Fernsehen und Internet, durch fotomechanische Wiedergabe, Tonträger und Datenverarbeitungssysteme jeder Art nur mit schriftlicher Genehmigung des Verlags.

Projektleitung: Cornelia Nunn
Übersetzung aus dem Niederländischen: Claudia Gölz
Satz und Lektorat: bookwise medienproduktion GmbH, München
Herstellung: Susanne Fuhrmann
Umschlaggestaltung: independent Medien-Design, Horst Moser, München
Druck und Bindung: Printer Trento, Italien

ISBN 978-3-8338-7590-8

1. Auflage 2021

Ein Unternehmen der
GANSKE VERLAGSGRUPPE

 www.facebook.com/gu.verlag

INHALT

Vorwort 9

September
Abschied vom Sommer 14
12 Monate in meinem Garten 30
Lieblingspflanzen: violett 34

Oktober
Neblige Tage 40
12 Monate in meinem Garten 52
Lieblingspflanzen: lila 56

November
Silhouetten und Strukturen 60
12 Monate in meinem Garten 74
Lieblingspflanzen: grau 78

Dezember
Winterschlaf … oder nicht? 82
12 Monate in meinem Garten 98
Lieblingspflanzen: rosa 102

Januar
Schafe und Schneeglöckchen 106
12 Monate in meinem Garten 114
Lieblingspflanzen: weiß 118

Februar
Schneiden, hacken, räumen 122
12 Monate in meinem Garten 132
Lieblingspflanzen: solche mit Struktur 136

März
Die Kraft der Natur 140
12 Monate in meinem Garten 150
Lieblingspflanzen: himmelblau 154

April
Blumenzwiebeln ohne Ende 160
12 Monate in meinem Garten 174
Lieblingspflanzen: gelb 178

Mai
Jetzt geht es richtig los! 182
12 Monate in meinem Garten 196
Lieblingspflanzen: orange 200

Juni
»Der frühe Vogel fängt den Wurm« 208
12 Monate in meinem Garten 222
Lieblingspflanzen: rot 226

Juli
Ruhe und Überraschungen 232
12 Monate in meinem Garten 242
Lieblingspflanzen: Einjährige 246

August
Grüner Genuss 250
12 Monate in meinem Garten 260
Lieblingspflanzen: (buntes) Blatt 264

Register 268
Dank 272

Vorwort

Ein neues Buch! Eine große Freude, denn dies ist das zehnte Buch, das ich im Lauf von beinahe 25 Jahren geschrieben habe. Die Saat dafür wurde im März 2015 gesät, als ich anlässlich einer Buchpräsentation von Piet Oudolf Hélène Lesger kennenlernte. Sie war (und ist) Piets Agentin. Als wir ins Gespräch kamen, ging es sehr bald um Gartenbücher. Sie kannte, was ich bereits geschrieben hatte, und wusste schnell, wie ein neues Buch aus meiner Hand aussehen könnte.

Eins folgte auf das andere, und so begann eine fast vier Jahre dauernde Zusammenarbeit. Das Ziel: ein Buch, das beschreibt, was man in zwölf Monaten in einem Garten erleben kann. Es sollte kein Tagebuch sein, aber ein Leitfaden, der dem Leser Schritt für Schritt die Wechselwirkung zwischen Garten und Gärtner zeigt. Eine Symbiose aus praktischen Details und all meinen Erfahrungen: Wie erlebe ich

beispielsweise die unterschiedlichen Jahreszeiten und wie kann ich die Schönheit einer jeden Jahreszeit schätzen lernen?

    Da ich neben meiner Arbeit als Gartenplanerin – oder besser Bepflanzungsspezialistin – einen eigenen Garten habe, in dem ich mit Leib und Seele zugange bin, lag es auf der Hand, meinen Garten als Basis für dieses Buch zu verwenden. Daher zunächst ein wenig zur Geschichte: Ende der 1970er-Jahre arbeitete ich viel mit zwei Freunden zusammen. Stan Gall und Niek Roozen hatte ich während unserer Ausbildung zu Garten- und Landschaftsarchitekten in Boskoop kennengelernt. Nach unserem Studium unternahmen wir regelmäßig Reisen zu bekannten Gärten und entdeckten in England das Phänomen des »offenen Gartens«, das es damals in den Niederlanden nicht gab. Wir waren fasziniert von der Idee, einen Garten zu besichtigen, in

einem kleinen Laden mit Gartenutensilien zu stöbern und dabei einen Tee zu trinken. Wir dachten, dass dieses Konzept gut zu unserer Arbeit als Gartenberater passen würde, und so beschlossen wir, in den Niederlanden einen Ort zu suchen, an dem dies möglich wäre. So landeten wir schließlich 1983 in Weesp, wo wir auf dem Areal einer ehemaligen Bastion unseren Traum verwirklichten. 1986 wurde »De Theetuin« (»Der Teegarten«) eröffnet. Von da an war ich für den Garten und alle Experimente darin zuständig – es war der Beginn einer lebenslangen Verbindung und der Liebe zu diesem Garten.

Das Besondere an ihm ist, dass er verschiedene Biotope umfasst: feuchte, schattige Bereiche, aber auch trockene, sehr sonnige Stellen – und alles dazwischen. Es gibt also unendlich viele Möglichkeiten, um mit Kombinationen von Pflanzen für verschiedene Biotope zu experimentieren. Hier kann ich alles ausprobieren und jeden Schritt begleiten, da ich jeden Tag vorbeikomme. Und genau das inspirierte mich, meine Erfahrungen mit anderen zu teilen. Aber es geht natürlich um weit mehr als diesen Garten. Wenn ich im April die Verwendung von Frühjahrsblumenzwiebeln thematisiere, besuche ich auch meine anderen Projekte wie den Keukenhof oder einen Park in Yokohama (Japan).

Das Schreiben dieses Buches bereitete mir viel Freude. Denn obwohl es kein Tagebuch ist, sollten dort die Erfahrungen und Kenntnisse, die ich in all den Jahren gesammelt hatte, geordnet werden. Neben dem Fotografieren veränderte dies meine Sicht auf die Gartenarbeit.

Aber es gab durchaus auch weniger schöne Momente. Es ist noch nicht lange her, dass die imposanten Schwarzbirken krank wurden. Sie waren leider nicht mehr zu retten. Im Herbst 2018 wurden die Buchsbäume vom Zünsler befallen und waren von einem auf den anderen Tag kahl gefressen. Solche Ereignisse versetzen mich schnell in Panik, aber darauf folgt eine Beruhigung und dann eine Art positive Spannung. Denn in solchen Fällen muss man die richtige Entscheidung treffen, um dem Garten in der Zukunft ein neues Gleichgewicht zu schenken. Zu Recht heißt es: »Einen Garten kann man nicht machen und man kann die Natur nicht zwingen.« Aber genau dieses Zusammenspiel, Geben und Nehmen und gut füreinander zu sorgen, macht für mich einen Garten so anziehend.

SEPTEMBER

September ist für meine Begriffe ideal, um ein Gartenbuch zu beginnen. In diesem Monat verabschiedet sich der Sommer, gleichzeitig werden aber schon die Vorbereitungen für das Frühjahr getroffen. Kein anderer Monat verdeutlicht so stark, dass »der Garten« ein unendlicher Prozess ist, ohne Anfang und Ende. Wenn ich aber dennoch einen Anfang finden muss, ist es der September.

Abschied vom Sommer

Jahrelang litt ich unter einem »September-Blues«: ein düsteres Gefühl, weil sich das Ende der »Gartenzeit« nähert und damit auch die Zeit ohne Arbeit und ohne Genuss im Garten. Aber als ich mit dem Schreiben dieses Buches begann und die Veränderungen in meinem Garten viel intensiver verfolgte, war dieses Gefühl so gut wie weg. Denn im September wächst auch Hoffnung: Die ersten Blätter der Traubenhyazinthen werden sichtbar – das hebt sofort die Stimmung und macht deutlich, dass die Wintermonate nur der Übergang zum Frühjahr sind. Der September zeigt, dass man gar nicht von einer Gartensaison sprechen kann: Es ist ein durchgehender Zyklus, in den

Die ersten Blätter der Traubenhyazinthen

man zu jeder Zeit einsteigen kann, denn es gibt immer irgendwo ein Zeichen neuen Lebens. Darum glaube ich auch, was ein anonymer Gartenliebhaber einmal sagte: »Gartenmenschen leben länger, weil sie immer nach vorn schauen.«

September ist auch der Monat mit den meisten Spinnweben: kleine, glitzernde Kunstwerke, die sich an den unmöglichsten Stellen in dünnen Fäden verbreiten. Und er ist ein Monat mit vielen verschiedenen Arten von Licht an einem Tag: das zarte, mysteriöse Morgenlicht, das von der Sonne mit ziemlich viel Kraft weggefegt wird, um für das viel härtere Mittagslicht Platz zu machen, dem alle Farbtöne gut standhalten: das warme Gelb von *Coreopsis tripteris*, aber auch das Lilarosa von *Geranium* 'Ann Folkard' und das Zuckerstangenrosa von *Erodium manescavii*. Dazwischen blüht *Gaura lindheimeri* unermüdlich und schenkt dem Garten Eleganz, während immer mehr Arten langsam in den Herbstzustand übergehen: eingetrocknete Gebilde, die in den späteren Monaten zusammen mit den Schnittformen von Buchsbäumen das Winterbild bestimmen.

Disneys Dahlien

Im September bin ich oft neidisch auf all die Gärten, in denen die Dahlien noch prächtig in Blüte stehen. Das geht bei mir leider nicht, wie ich im Mai beschreibe. Aber glücklicherweise gibt es andere Projekte, bei denen ich Dahlien verwende – sie sind mein Trostpflaster.

Eines dieser Projekte ist Disneyland Paris. Im Dezember 2016 wurde beschlossen, am Eingang des Newport Bay Club, dem größten Hotel des Freizeitparks einen »Holländischen Garten« anlegen zu lassen. Der Entwurf dafür ist einfach: eine relativ ovale Fläche, durchkreuzt von Pfaden und mit verschiedenen Farbflächen, die ineinander übergehen. Es sollte eine Kombination aus Sommerblumen und sommerblühenden Zwiebelgewächsen angepflanzt werden. Ausdrücklich gewünscht: bunt und üppig. Ich erhielt den Auftrag. Die Zeit war knapp, aber ich schaffte es doch innerhalb von zwei Wochen,

Dahlien in Disneyland Paris

einen Vorschlag aufs Papier zu bekommen. Ende Januar 2017 war alles abgestimmt. Der nächste Schritt war die Pflanzung Ende Mai im selben Jahr. Ich hatte eine leichte, lockere Blumenmischung geplant und es zur Bedingung gemacht, dass ich beim Pflanzen dabei sein konnte. Es war mir zu oft passiert, dass der ausführende Landschaftsbaubetrieb auf seine eigene Art loslegte oder meine Anweisungen und Zeichnungen nicht sorgfältig genug studierte – was desaströse Folgen auf das Ergebnis hatte. Die letzten Tage im Mai waren extrem heiß, als ich mit einem Grüppchen Assistenten nach Paris fuhr, um in zwei Tagen 20 000 Pflanzen und Blumenzwiebeln einzusetzen. Man musste sehr früh beginnen und viel Wasser trinken, damit man so lange wie möglich durchhalten konnte. Ich legte die Pflanzen auf einer kleinen Fläche aus, um den anderen zu zeigen, worauf es mir ankam. Danach arbeitete jeder für sich. Mithilfe des Gartendienstes von Disney wurden die ausgelegten Pflanzen sofort in die Erde eingesetzt, das ging rasend schnell. Zwei Tage später waren wir bis auf ein kleines Stückchen fertig. Um das Resultat zu begutachten, kehrte ich im August noch einmal zurück und fand ein üppig blühendes Blütenmeer, genauso wie ich es mir vorgestellt hatte. Ein herrliches Gefühl!

Eine blaue Allee für Martha Stewart

Mit einem bekannten Namen verbunden war das Gartenprojekt von Martha Stewart, einer amerikanischen Geschäftsfrau, Autorin und Fernsehpersönlichkeit. Auf ihren Wunsch hin wurde 2010 unter bestehenden Linden, dem Weg zu ihrem Landhaus, eine »blaue Allee« mit Frühjahrsblühern angelegt. Hierfür sollte der niederländische Blumenzwiebelsektor Blumenzwiebeln sponsern, im Gegenzug wurde Publizität zu diesem Projekt versprochen. Weil ich damals viel für das Internationale Blumenzwiebel-Centrum (IBC) arbeitete, die Absatzförderungsorganisation der niederländischen Blumenzwiebelgärtner und Exporteure, fragte man mich, ob ich ein solches Blumenzwiebelpaket zusammenstellen könnte. Dazu kam – genauso schön – die

Filmaufnahmen während der Blumenzwiebelpflanzung mit Martha Stewart

Frage, ob ich bei der Pflanzung dabei sein könnte. Die erste Frage war schnell beantwortet: 115 000 Zwiebeln mit blauen Blüten, die von früh blühenden bis zu spät blühenden Sorten reichten, von *Crocus*, *Scilla*, *Chionodoxa* und *Anemone blanda* bis *Muscari* und *Hyacinthoides*. Im November des Jahres flog ich dann zusammen mit dem technischen Direktor des IBC, Frans Roozen, nach New York.

Die ganze Aktion war ein Film für sich: Während eine große Crew von Filmleuten und Fotografen in der Kälte mit uns wartete, kam Martha eine halbe Stunde zu spät, um uns sogleich wissen zu lassen, dass sie nur eine Stunde Zeit habe. Ein Flugzeug warte schon auf sie, um sie zu einem weiteren Termin zu fliegen. In dieser einen Stunde musste also sehr viel passieren, einschließlich einer regelmäßigen Make-up-Kontrolle aller Beteiligten, da wir sonst zu sehr glänzten. Schlussendlich übten wir dreimal das »Ausstreuen« der Blumenzwiebeln. Das wurde ausführlich gefilmt und fotografiert. Dann wurde Martha mit wehenden Fahnen zum Flughafen gebracht. Wir hatten den Rest des Tages gut mit dem Ausstreuen und Pflanzen der Blumenzwiebeln zu tun, allerdings mithilfe von 20 Gärtnern – man gönnt sich ja sonst nichts! Das Ergebnis im Frühjahr darauf war noch schöner als erwartet: ein Meer von Blautönen, von Anfang März bis Ende

April. Dazu ein fantastischer Artikel in der Zeitschrift *Martha Stewart Living*, plus einem Fernsehbericht, der mehrfach wiederholt wurde. Mission geglückt.

Der Buchsbaumzünsler

Im letzten Jahr, in dem ich an diesem Buch schrieb, wurde der Garten im September schließlich doch noch von einem Feind befallen, den ich schon Jahre fürchtete: vom Buchsbaumzünsler. In anderen Gärten im Land hatte ich die Verwüstung, die diese Motte anrichten kann, schon gesehen. Jetzt war unser Garten dran.

Der Buchsbaumzünsler ist eine invasive Art, die ursprünglich aus Ostasien kommt und 2006 zum ersten Mal in Europa auffiel. Es gibt eine ganze Reihe von Ratschlägen, wie diese Mottenart bekämpft werden kann. (Bio-)Gift gerät immer auch an Pflanzen in der Nachbarschaft. Dadurch sterben Insekten, die dieses Gift überhaupt nicht treffen sollte. Von dieser Art der Bekämpfung sollte man also unbedingt absehen! Die jüngste Entwicklung ist der Einsatz von Algenkalk (ein hochwertiger Kalk aus fossilen Algen), aber die Ergebnisse sind noch zu vage, um zuverlässig Empfehlungen auszusprechen.

Für unseren Garten war es in jedem Fall zu spät. In kürzester Zeit war der Buchs tot. Zwischen dem Zeitpunkt der Entdeckung des Zünslers und dem Ende der Pflanzen (graubraune, kahle, abgefressene

Eine Raupe des Buchsbaumzünslers: Dieser große Schädling vertilgt alle Blätter.

So sieht der Schaden aus, den der Buchsbaumzünsler anrichtet.

Vor und nach dem Befall der Pflanzen durch den Buchsbaumzünsler

Sträucher) lagen gerade einmal zwei Wochen. Panik kam auf, denn manche der Schnittfiguren des Buchbaums waren über 40 Jahre alt. Da jedoch keine Aussicht auf Rettung bestand, musste man sich schließlich damit abfinden. Die Tatsache, dass alles ersetzt werden musste, bot auch eine Herausforderung. Was nun? Klar war, dass es eine oder mehrere Arten sein sollten, die dem Garten im Winter deutlich Struktur geben, also am besten immergrüne Pflanzen. Nach diversen Besuchen in Gärtnereien traf ich schließlich eine Wahl, die mich glücklich machte. An einigen Stellen stehen nun kugelförmige Sträucher der Sorte *Osmanthus burkwoodii*, ein immergrüner Scheinilex mit weißen Blüten im Frühjahr. In dem Rondell, in dem einst Buchsbäume in verschiedenen Größen standen, wächst nun *Nandina domestica* 'Blush Pink' (Himmelsbambus), der eine kugelförmige Wuchsweise hat und sich im Winter prächtig rot färbt. Als dritte Art wurde *Choisya ternata* 'White Dazzler' hinzugefügt, ein wintergrüner Strauch, der von April bis Mai duftende, weiße Blüten trägt. Ich musste mich zwar erst an diese Neuankömmlinge gewöhnen, aber der Garten ist durch sie noch interessanter geworden.

Der verborgene Teich

Den Teich in unserem Garten erblickt man von außen nicht, aber er ist tatsächlich sein Mittelpunkt. Als der Garten 1984 geplant wurde, hatte ich die Idee, eine Art Rundweg zu allen Beeten zu schaffen. Dadurch sollte er nicht auf einmal einsehbar sein, stattdessen sollte man immer

Der verborgene Gartenraum beim Teich

Colchicum 'Waterlily'

wieder Neues entdecken. Deshalb die Entscheidung, mitten im Garten einen ovalen Teich mit einer Hecke darum herum anzulegen. Es entstand ein verborgener Bereich mit ganz anderer Atmosphäre als außerhalb der Hecke. Den Teich mit einer Tiefe von einem Meter haben wir selbst gegraben. Wegen des schweren Lehms war das harte Arbeit. Zur Verstärkung legten wir Eisenmatten aus und gossen Beton darüber. Den letzten Schliff bot ein Rand aus alten Ziegelsteinen, auf dem man auch sitzen kann.

In den folgenden Jahren machten wir so unsere Erfahrungen mit dem Teich. Das größte Problem war die Wasserqualität – wir hatten alles: von glasklar bis grün vor Algen trotz verschiedener Teichpflanzen. Nach einer Reihe von Versuchen wurde deutlich, dass das Wasser nicht genügend Sauerstoff hatte. Das konnten wir mithilfe einer Pumpe lösen, die wir an das Wasserkunstwerk einer guten Freundin anschlossen: Jetzt sprudelt das Wasser aus den bronzenen Blättern der Pestwurz. Das Wasser ist ganz klar und ein attraktives, überraschendes Element in der Mitte des umschlossenen Gartenraums. Wenn im Sommer die Seelilien und das Hechtkraut *(Pontederia)* blühen, ist der Ort fantastisch. Aber auch zu anderen Zeiten im Jahr bietet diese Stelle in der Mitte des Gartens eine Oase der Ruhe.

Crocus speciosus 'Conqueror'

Herbstblühende Zwiebelgewächse

Es ist immer wieder eine Überraschung, wenn die Herbstblüher erscheinen. Als Erster an verschiedenen Stellen in voller Sonne taucht stets *Colchicum autumnale* 'Album' auf. Leider sind die Schnecken verrückt nach dieser Art. Die Knospen werden schnell angeknabbert, wodurch ihre strahlend weißen Blüten – wenn sie sich retten können – merkwürdige Fransen zeigen. Eine Art, die sich gut entwickelt, ist *Colchicum* 'Giant' mit violetten Blüten auf 15 Zentimeter hohen Stielen.

Eine der besonderen Schneeglöckchenarten:
Galanthus elwesii var. *monostictus*

Jahr für Jahr erkläre ich den Gartenbesuchern, um welches Zwiebelgewächs es sich handelt und wie man es pflegt: Im August gepflanzt, erscheinen von September bis Oktober die Blüten, gefolgt von großen, glänzenden Blättern im Frühjahr. Danach bleiben sie einfach im Boden und blühen jedes Jahr, vorausgesetzt der Ort ist feucht genug und nicht zu dunkel. Nach diesen Herbstzeitlosen folgen Ende September, Anfang Oktober die Herbstkrokusse. Wir haben eine Art *Crocus speciosus* 'Conqueror'. Sie steht an der sonnigen Seite einer großen Buche auf sehr trockenem Boden. Jedes Jahr ist es ein Wunder, wenn die spitzen Knospen erscheinen und sich in zarte, lilablaue Blümchen verwandeln. Man hält den Atem an, wenn echtes Herbstwetter droht, denn Wind und Regen mögen diese Gewächse überhaupt nicht. Es ist erstaunlich, dass es in den letzten Jahren immer häufiger schöne Herbsttage gibt und diese Krokusse zwei bis drei Wochen lang blühen.

Schneeglöckchen pflanzen

Im September sind wir gedanklich noch im Sommer, dennoch ist es nun an der Zeit vorauszudenken, denn jetzt müssen die Schneeglöckchen gepflanzt werden. Das scheint sehr früh, lässt sich aber erklären. Schneeglöckchen neigen dazu, nach dem Ausgraben sehr schnell auszutrocknen. Darum ist es verständlich, dass sie so schnell wie möglich wieder in den Boden kommen müssen. Dann blühen sie im kommenden Frühjahr am schönsten.

Es gibt Hunderte verschiedener Schneeglöckchenarten, und nicht wenige Menschen nehmen große Anstrengungen in Kauf, um so viele Arten und Varietäten wie möglich zu sammeln. In unserem Garten wachsen drei verschiedene Arten, und das reicht mir: Wenn sie im Frühjahr großflächig blühen, finde ich es einfach bezaubernd. Das gelingt mit gewöhnlichen Schneeglöckchen genauso wie mit besonderen. Ich bleibe also *Galanthus nivalis* und seinem gefüllt blühenden Brüderchen *Galanthus nivalis* 'Flore Pleno', die beide 10 bis 15 Zentimeter hoch werden, sowie dem etwas höheren (bis 20 Zentimeter) *Galanthus elwesii* treu.

Ziergräser

In meinem eigenen Garten habe ich im Lauf der Jahre mit diversen Ziergräsern experimentiert. Einige Arten sind übrig geblieben, mit denen ich sehr zufrieden bin und die, mit ein paar Eingriffen ab und zu, gut im Zaum zu halten sind. Die Arten, die die Neigung haben, sich stark auszusäen (*Milium effusum* 'Aureum', *Melica ciliata*, *Stipa tenuissima* 'Pony Tails'), lassen sich genauso einfach wieder entfernen. Die anderen benötigen wenig Pflege und tun, was sie sollen: Sie lockern das Beet optisch auf und ziehen in bestimmten Momenten mit ihrer Blühweise, ihrer Blattfärbung oder ihrer Silhouette die Aufmerksamkeit auf sich. Darum habe ich zu diesem Monat, in dem die meisten Gräser am schönsten sind, eine Liste meiner Lieblingsziergräser hinzugefügt.

Acorus gramineus 'Ogon'
Anemanthele lessoniana
Calamagrostis acutiflora 'Overdam'
Hakonechloa macra
Hakonechloa macra 'Albostriata'
Imperata cylindrica 'Red Baron'
Melica ciliata
Milium effusum 'Aureum'
Pennisetum alopecuroides 'Hameln'
Stipa tenuissima 'Pony Tails'

Hakonechloa macra

Milium effusum 'Aureum'

Stipa tenuissima 'Pony Tails'

Calamagrostis acutiflora 'Overdam'

Imperata cylindrica 'Red Baron'

12 Monate

30 EIN JAHR IN MEINEM GARTEN

in meinem Garten

Lieblingspflanzen: violett

Allium aflatunense

Die Farbe Violett kann man nicht eindeutig zuordnen. Manchmal neigt sie mehr zu Lila, manchmal mehr zu Blau. Die Farbe macht allein nicht viel her, sie wirkt erst im Zusammenhang mit ihren Nachbarn. Neben tiefem Lila und Blau sorgt Violett für Licht und Leichtigkeit, neben grellem Rot hat Violett eine mildernde Wirkung. Ich finde, es gibt keine vornehmere Kombination als die von Violett und tiefem Braunrot, wie beispielsweise in der Nachbarschaft von *Aster frikartii* 'Mönch' und *Cosmos atrosanguineus*.

Allium aflatunense

Allium 'Gladiator'

Aster frikartii 'Mönch'

Cleome 'Señorita Rosalita'

Colchicum 'Waterlily'

Geranium maculatum 'Elizabeth Ann'

Kalimeris incisa 'Blue Star'

Perovskia atriplicifolia

Thalictrum delavayi 'Splendide'

Vitex agnus-castus

Allium 'Gladiator'

Aster frikartii 'Mönch'

Cleome 'Señorita Rosalita'

Colchicum 'Waterlily'

Geranium maculatum 'Elizabeth Ann'

Kalimeris incisa 'Blue Star'

Perovskia atriplicifolia

Thalictrum delavayi 'Splendide'

Vitex agnus-castus

Ellipsenförmige Beete, Rotterdam

Eines meiner Projekte war der Entwurf zur Sanierung eines Platzes. Eine unwirtliche, steinige Fläche rund um eine Kirche sollte wieder so attraktiv gemacht werden, dass Menschen Geschäfte in der Umgebung gern besuchen. Die elliptischen Beete haben einen bauchigen Rand, den die Passanten umlaufen, anstatt quer über den Platz zu gehen. Die Bürger sollen hier an einem geschützten Platz Ruhe und Entspannung finden.

Entwürfe für den öffentlichen Raum fordern auch eine Bepflanzung, die nicht viel Pflege braucht. Mein Plan sah vor, wiederkehrende Pflanzenarten zu verweben, die im Lauf der Jahreszeiten nacheinander blühen, und den Schwerpunkt auf Pflanzen zu legen, die auch im Winter attraktiv aussehen würden. Auf der Liste standen schließlich 18 Arten an Stauden (zehn für die sonnigen und acht für die beschatteten Stellen), drei Arten von Sträuchern und ein paar Hände voll Frühjahrsblumenzwiebeln.

Die Ellipsen weisen verschiedene Formate auf: von zehn Meter lang und vier Meter breit bis 15 Meter lang und sechs Meter breit.

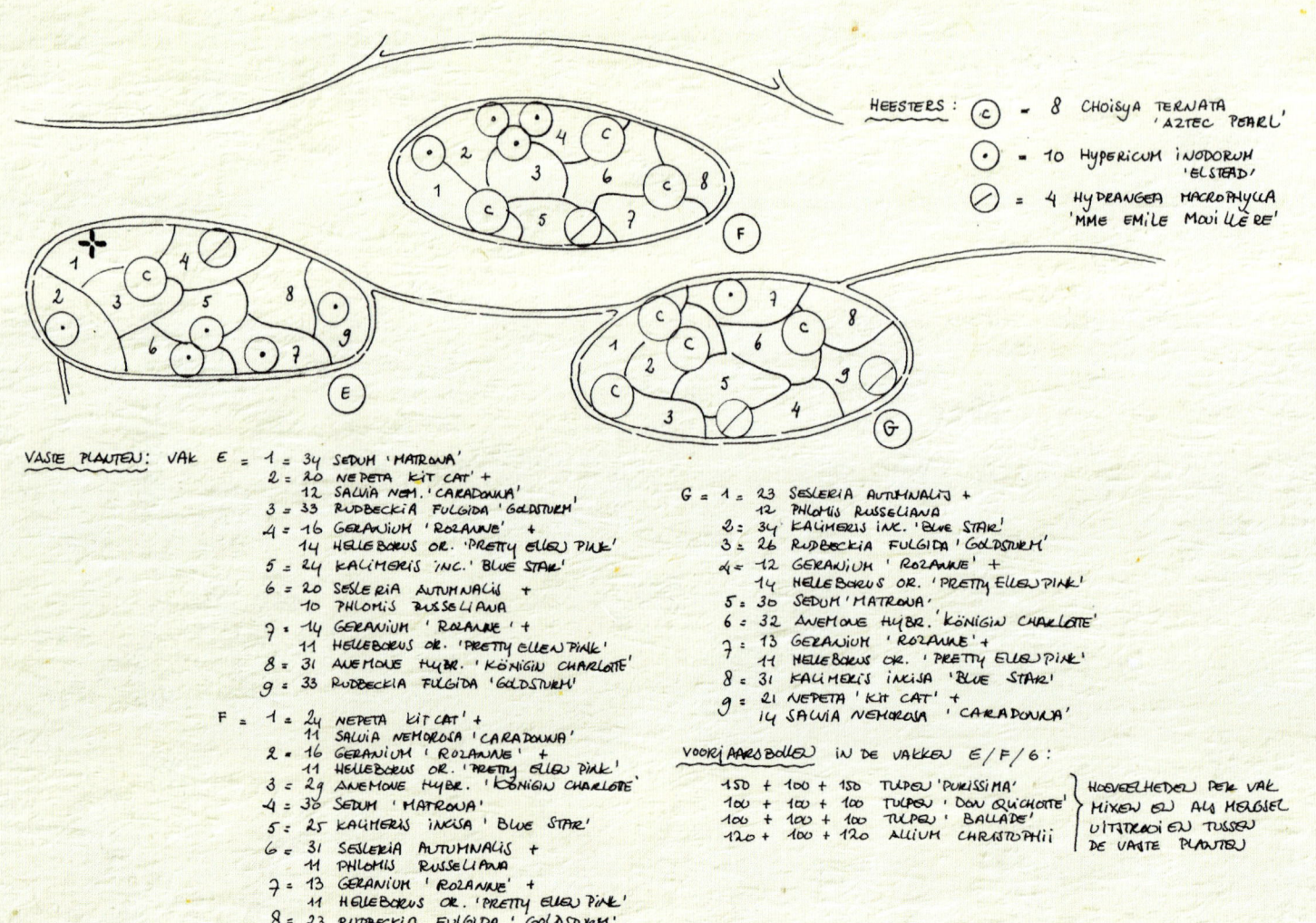

OKTOBER

Vor über 15 Jahren pflanzte ich einmal Ende Oktober Zwiebeln, als mein damaliger Nachbarsjunge Karel (heute hochgewachsen und in den Dreißigern) kam und mich fragte, was ich tue. Ich hielt kurz inne, um ihm auf verständliche Weise zu antworten, und sagte, dass ich Schätze im Boden vergrabe, die sich dann im Frühjahr von allein zeigen. Die sich trocken anfühlenden, manchmal eigenartig geformten Blumenzwiebeln müssten erst einen Winter lang schlafen, um dann im Frühjahr aufzuwachen, wenn sie von der Sonnenwärme geweckt werden. Der Junge schluckte die Geschichte wie einen süßen Kuchen. Danach kam er regelmäßig und fragte, wie lang es mit den Schätzen im Boden noch dauert. Genauso erfahre ich es jedes Jahr: Frühjahrsblumenzwiebeln zu pflanzen ist ein Geschenk an mich selbst, und es erfreut mich monatelang.

Neblige Tage

Der März kann ein Monat voller Überraschungen sein. Das Gleiche gilt auch für den Oktober. Der erste Oktober, in dem ich an diesem Buch schrieb, war vor allem neblig, regnerisch und kalt, zwischendurch gab es einen sonnigen Tag. Nicht sehr einladend, um in den Garten zu gehen! Der darauffolgende Oktober hatte dagegen sehr viele schöne Tage mit relativ hohen Temperaturen und nur manchmal Nebel, der offenbar zum Oktober gehört. Aber diesmal hatte alles einen völlig anderen Charakter. Während sich der Nebel im Jahr davor sehr unangenehm anfühlte und schwer war wie ein nasses Tuch, entpuppte er sich nun als transparenter Schleier, der dem Garten etwas Mysteriöses verlieh und sich schnell in der Sonne auflöste.

Späte Blüte, Silhouetten und Herbstfarben

Im Oktober gibt der Garten noch einmal sein Bestes mit der späten Blüte von Astern, Herbstanemonen, Pfaffenhütchen, der seltenen *Coreopsis tripteris* und dem unermüdlichen *Geranium* 'Ann Folkard'. Immer wieder erstaunt mich eine Pflanze, die das ganze Jahr über fast unsichtbar ist, aber im Oktober mit weißen Blüten prunkt und damit den Rand der dunkelsten Rabatte in unserem Garten erhellt: *Saxifraga cortusifolia* var. *fortunei*. Ich verstehe nicht, wie sich diese zarte Pflanze, die eigentlich kühlen Schatten, Feuchtigkeit und humosen Boden benötigt, in unserem schweren Lehm behaupten kann, und das, obwohl im Frühjahr ein Meer von Bärlauch über sie hinwegwuchert. Sie ist ein echter Durchbeißer, und ich habe mir vorgenommen, davon noch mehr zu pflanzen, denn in dieser Jahreszeit ist jedes Lichtpünktchen im Garten willkommen. Eine zweite Überraschung im späten Herbst ist *Crocus speciosus* 'Conqueror', weil ich seine eisblauen Blümchen zwischen dem orangebraunen Buchenblatt so reizend finde.

Geranium 'Ann Folkard'

Aconitum charmichaelii 'Arendsii'

Crocus speciosus 'Conqueror'

Saxifraga cortusifolia var. *fortunei*

Cladrastis lutea

Imperata cylindrica 'Red Baron'

Anemone tomentosa 'Robustissima'

Hypericum inodorum 'Elstead'

Liriope muscari

Coreopsis tripteris

Crataegus monogyna

Aster 'Treffpunkt'

Auch die Herbstsilhouetten machen den Garten im Oktober interessant. Wenn ich einen Bepflanzungsplan zeichne, versuche ich, möglichst solche Pflanzen zu verwenden, die auch nach der Blüte noch interessant sind – etwa mit vertrockneten Blüten, Samenkapseln, Früchten oder Skeletten. In meinem eigenen Garten gibt es hierfür viele Beispiele: die beinahe wie Papier aussehenden Blüten der Hortensien, die Fruchtstände von *Hypericum*, *Kirengeshoma*, *Koelreuteria* und *Aconitum* oder das Linienspiel der höheren Ziergräser. Der dritte Aspekt sind die Herbstfarben, die kurz, aber heftig das Bild bestimmen. Vor allem an helleren Tagen mit klarer Luft erscheinen die Farbkontraste fast künstlich. Unsere Bäume wie *Cladrastis lutea* (Gelbholz) und *Broussonetia papyrifera* (Papiermaulbeerbaum) strahlen in verschiedenen Gelbtönen; *Viburnum plicatum* 'Watanabe' hüllt sich in Rostrot und die Felsenbirne *(Amelanchier)* steht mit orangefarbenen und knallroten Blättern fast in Flammen. Als eines der wenigen Ziergräser hat *Imperata cylindrica* 'Red Baron', das Japanische Blutgras, eine auffallend tiefrote Herbstfarbe. Je größer der Temperaturunterschied zwischen Tag und Nacht sowie dem folgenden Tag ausfällt, umso intensiver sind die Farben.

Frühjahrsblumenzwiebeln pflanzen, Teil 1

Genug der Philosophie, im Oktober muss auch noch gearbeitet werden. Jetzt ist nämlich der ideale Monat, um Frühjahrszwiebeln zu pflanzen. Am besten hält man folgende Pflanzzeiten ein: in der ersten Oktoberhälfte Krokusse und andere verwildernde Zwiebeln wie *Scilla* und Schneestolz *(Chionodoxa)*, in der zweiten Oktoberhälfte Narzissen, im November Tulpen und im Dezember *Allium*. Wer Mischungen verschiedener Blumenzwiebelarten pflanzt, wählt als Pflanzzeit die goldene Mitte, Ende Oktober, Anfang November. Als wir mit der Anlage unseres Gartens in Weesp begannen, kamen Tulpen als erste Blumenzwiebeln in die sonst noch ziemlich kahlen Beete. Sie waren ein Geschenk und von einer großen Partie Tulpen für eine Ausstellung übrig

Um einen natürlichen Effekt zu erreichen: Zwiebeln mischen und verteilen.

geblieben. Wir hatten das Bild dieser Ausstellung noch vor Augen, als wir sie in unseren Garten pflanzten: nach Sorten sortiert, in Reihen gleicher Länge. Das gab im darauffolgenden Frühjahr ein riesiges Farbspektakel, und wir waren natürlich stolz. Heute bin ich froh, dass es davon keine Fotos mehr gibt, denn meine Strategie hat sich im Lauf der Jahre doch drastisch geändert.

Das heutige Bild unseres Frühjahrsgartens mit all den wechselnden Mischungen verschiedener Größen ist etwa sieben oder acht Jahre nach der ersten Anlage entstanden, mehr oder weniger per Zufall. Damals, 1992, schrieb ich eine monatliche Kolumne für die Zeitschrift *vtwonen* über die Kombination von Stauden. Diese Kolumne las auch ein Mitarbeiter des Internationalen Blumenzwiebel-Centrums, damals die Absatzförderungsorganisation der niederländischen Blumenzwiebelkultur. Er rief mich an und fragte, ob ich mich in meiner Kolumne nicht auch einmal mit Frühjahrsblumenzwiebeln befassen könnte. Ehrlich antwortete ich, dass ich mit Blumenzwiebeln kaum Erfahrung hatte. Er konterte, dass er dem gern Abhilfe schaffen würde. Ich müsste nur eine Liste mit meinen Wunsch-Blumenzwiebeln erstellen, dann würde die Organisation dafür sorgen, dass ich sie bekäme. So geschah es auch, und im folgenden Herbst lieferte man mir zahlreiche Körbe mit den von mir bestellten Blumenzwiebeln. Inzwischen hatte ich ja schon ein paar Jahre lang mit Stauden in verschiedenen Kombinatio-

nen experimentiert. Sie waren immer auf die Bedingungen des Ortes, an dem sie wachsen sollten, um ein harmonisches Ganzes zu erzeugen, abgestimmt. Das ging gut, und ich beschloss, auf die gleiche Weise mit den Blumenzwiebeln umzugehen. Ich suchte also Stellen, an denen die Zwiebeln passen könnten, machte eine Mischung und streute diese zwischen die Stauden. Das Ergebnis im Frühjahr übertraf alle Erwartungen: Nie hätte ich gedacht, dass man mit Blumenzwiebeln ein so ungezwungenes, natürliches Bild schaffen kann. Auch nicht, dass Blumenzwiebeln und Stauden so gut miteinander harmonieren.

Teil dieses Experimentes war mein Beschluss, alle Zwiebeln im Boden zu lassen, auch die Tulpen und andere, die eigentlich als einmal blühende Sorten gelten. Die Zeit sollte beweisen, was funktionierte. Zu meiner Überraschung erblühte ein großer Teil der Pflanzen in den folgenden Jahren wieder. Danach verschwanden manche Arten, aber sie wurden dann eben durch neue ersetzt. Inzwischen sind 25 Jahre vergangen, und ich gehe im Frühjahr immer noch mit Stift und Papier durch den Garten und notiere, wo es Stellen gibt, die noch ein paar Zwiebeln vertragen könnten. Und so ist es jeden Herbst an der Zeit, Blumenzwiebeln zu pflanzen.

Winterschutz

Die seltenen Zeiten, in denen ich im Garten nichts Neues pflanzte, fühlten sich nicht gut an. Darum begann ich, Blumenzwiebeln in Töpfe zu pflanzen. Dabei muss man natürlich auch an Winterschutz denken, denn wenn es richtig kalt wird, sind Blumenzwiebeln in Töpfen empfindlicher als im Boden. Wenn sie im Topf stehen, greift der Frost von allen Seiten an, und das Risiko, dass sie erfrieren, ist größer. Darum sollte man die Zwiebeln im Topf nicht zu nahe an den Rand setzen und den Topf zur Sicherheit einpacken. Ich verwende oft Noppenfolie, aber ich habe auch schon mit großen Drahtkörben experimentiert und den Zwischenraum zwischen Korb und Topf mit Herbstlaub gefüllt. So mache ich es seit Jahren auch mit *Agapanthus,* und das ist bis jetzt immer gut gegangen.

Pflanzen, die ich bereue

Bei meinen Entwürfen ist es mir wichtig, dass ich die Pflanzen, die ich verwende, gut kenne: Ich weiß, wie sie sich verhalten und welches Bild sie im Jahresverlauf zeigen. Vor vielen Jahren ließ ich mich dennoch hin und wieder von einem schönen Foto in einem Katalog oder von der Empfehlung eines Gartencenters verführen. So kamen Pflanzen in den Garten, die ich rückblickend bereue. Pflanzen, die sich als besonders hartnäckig erwiesen haben und nur schwer zu entfernen sind. Eine davon kommt auch an anderer Stelle im Buch vor: *Allium ursinum*, der Bärlauch. Wunderschön zum Zeitpunkt der Blüte, aber leider nicht im Zaum zu halten. Außerdem lassen sich die fleischigen Zwiebeln kaum aus dem klebrigen Lehmboden graben – sehr lästig! Andere Arten, die sich auch in Windeseile vermehren und die man nicht mehr losbekommt, sind *Allium triquetrum* (Glöckchenlauch), *Anemone canadensis* (ein nettes Blümchen, aber ein enormer Wucherer) und *Houttuynia cordata* 'Chamaeleon'. Letztere hatte ich, umschlossen von Kies, in das kleinste Beet gepflanzt, weil ich glaubte, dass sie dort nicht viel

Herbstlaub als Schutz vor der drohenden Winterkälte

Einige Arten eignen sich gut, um eine große Fläche auszufüllen. Aber wenn man sie einmal hat, sind sie nur schwer wieder loszuwerden. Von links nach rechts: Hasenglöckchen, Bärlauch und *Ranunculus psylostachys*. Letztgenannte Art sieht ein bisschen wie Hahnenfuß aus.

anrichten kann. Nach jahrelangem Ärger habe ich schließlich das ganze Beet aufgelöst und die Erde so gut es ging gesiebt, um auch die letzten Stückchen der Wurzelstöcke zu finden. Auch heute noch sehe ich hier und da ein Pflänzchen.

Weniger aggressiv und etwas leichter loszuwerden sind *Lysimachia punctata*, *Ranunculus psylostachys* und *Anemone tomentosa* 'Robustissima'. Die ersten beiden sind mittlerweile aus meinem Garten verschwunden. Auf die Stellen, an denen sie wuchsen, passe ich immer noch besonders gut auf. Mit der Herbstanemone bin ich immer am Kämpfen. So schön diese Pflanze in Blüte auch sein mag, sie verdrängt auf Dauer alle anderen. Und das geht zu Lasten des Gleichgewichts – also raus damit!

12 Monate

JANUAR

FEBRUAR

MAI

JUNI

SEPTEMBER

OKTOBER

in meinem Garten

Lieblingspflanzen: lila

Wenn man die verschiedenen Blütenfarben des Jahres Revue passieren lässt, fällt auf, wie viel Weiß und Gelb sich im Frühjahr zeigt. Der Herbst hat dunklere Farbtöne wie Rosenrot und Lila, die uns an kühleren Tagen an die Wärme des Sommers erinnern. Darum habe ich in meiner Lieblingspflanzenliste viele lilafarbene Spät- und Langblüher:

Ageratum houstonianum 'Red Sea'

Camassia quamash

Geranium magnificum

Liriope muscari

Lobelia speciosa 'Tania'

Phlox paniculata 'Düsterlohe'

Salvia nemorosa 'Caradonna'

Salvia viridis

Verbena bonariensis 'Lollipop'

Veronica longifolia 'Marietta'

Camassia quamash

Ageratum houstonianum 'Red Sea'

Geranium magnificum

Liriope muscari

Lobelia speciosa 'Tania'

Phlox paniculata 'Düsterlohe'

Salvia nemorosa 'Caradonna'

Salvia viridis

Verbena bonariensis 'Lollipop'

Veronica longifolia 'Marietta'

NOVEMBER

Regelmäßig übernehme ich Projekte im Ausland. Ich finde es immer spannend zu sehen, wie in anderen Ländern gearbeitet wird. Mancherorts gibt es große Unterschiede. So war es auch in Yokohama (Japan). Dort wurde ich gebeten, bei der Bepflanzung eines Stadtparks zu helfen. Auf der Grundlage meiner Vorschläge wurde mit den Arbeiten begonnen. Als ich zur Kontrolle und zum Pflanzen der Blumenzwiebeln kam, waren morgens um acht Uhr alle zur Stelle und bildeten einen Kreis. Die Vertreter des Gartenamts und des begleitenden Landschaftsarchitekturbüros sowie der Landschaftsgärtner, eine Dame, die alle Fragen zu Kaffeepausen, Toilettengängen und dem Tragen von Sicherheitskleidung beantworten konnte, und zu meiner großen Überraschung auch ich hielten nun zum Verlauf des Tages motivierende Ansprachen. Am Abend erfolgte dann nochmals das Gleiche als Rückschau. Das war wirklich eine besondere Erfahrung!

Silhouetten und Strukturen

Jährlich halte ich zwischen September und Ende November eine Reihe von Vorträgen über die Kombination von Blumenzwiebeln und Stauden, aber auch über die technischen Aspekte, die es bei der Pflanzung von Zwiebeln zu beachten gilt. Am Ende des Vortrags kommen immer Fragen, vor allem zu Tulpen: warum sie nicht treiben, warum sie nicht jedes Jahr wiederkommen und – von Zeit zu Zeit – warum sie im ersten Jahr rot blühen und im zweiten gelb. Letzteres ist auch für mich verwunderlich, aber zu antworten, dass sich der Fragesteller wahrscheinlich irrt, kommt natürlich nicht infrage. Viele Gartenliebhaber, auch diejenigen mit viel Erfahrung, wissen nicht, dass Tulpen nicht gerade die einfachsten unter den Zwiebelpflanzen sind. Richtig behandelt, sind die Erfolgschancen allerdings groß.

Tulpen stammen ursprünglich aus den kahlen Hochgebirgen Zentralasiens. Sie brauchen es absolut sonnig auf einem gut durchlässigen Boden, der auch im Sommer warm und trocken ist, sodass sich die Zwiebel für das folgende Jahr optimal entwickeln kann. Der größte Feind der Tulpen ist im Sommer die automatische Bewässerung, die den Boden feucht und kühl hält. Außerdem müssen Tulpen ausreichend tief gepflanzt werden, mindestens 15 Zentimeter. Am Ende der Blütezeit brauchen sie genügend Nahrung, damit sich die Tochterzwiebel mit der Blüte für das nächste Jahr gut entwickeln kann. Diese Nahrung kommt zum einen aus der Pflanze – Blatt und Stängel werden in Kohlenhydrate verwandelt –, zum anderen durch organischen Dünger. Außerdem spielt der Pflanzzeitpunkt eine Rolle: Tulpen, die zu früh in einen zu warmen Boden gepflanzt werden, haben ein höheres Krankheitsrisiko als die später gepflanzten. Ideal ist eine Bodentemperatur zwischen fünf und zehn Grad Celsius: also im November!

Lurie Garden im Millennium Park, Chicago

Ein Großprojekt erfordert Unmengen an Blumenzwiebeln.　　　　Gräser werden gebündelt, um Platz für die Zwiebeln zu schaffen.

Dies ist der wichtigste Grund, warum ich am liebsten im November pflanze; damit schließe ich ein Risiko aus. Ein anderer Grund ist, dass der Garten im Oktober oft noch so schön aussieht, dass ich die Pflanzen nicht zurückschneiden möchte. Das muss man aber eigentlich tun, denn wer Zwiebeln zwischen den Stauden ausstreut, sollte auch sehen können, wo sie hinfallen. Dort wird nämlich gepflanzt.

Bei einem meiner Auslandsprojekte mussten aufgrund des frühen Winters schon im Oktober viele Zwiebeln gepflanzt werden. Es ging um den Lurie Garden im Millennium Park in Chicago. Dort hatte Piet Oudolf einen Garten mit Stauden und Ziergräsern geplant, der mit Zwiebeln ergänzt werden sollte. Allerdings war dieser Garten gerade im Herbst wegen seiner großen Zahl an Gräsern besonders prächtig. Ein Rückschnitt stand natürlich außer Frage. Aber 60 000 Zwiebeln willkürlich zwischen die üppigen Stauden und Gräser zu streuen war auch keine Option. Dank einer Gruppe von 50 Freiwilligen, den »Freunden des Lurie Garden«, hat am Ende alles gut geklappt. Diese Helfer banden eine Vielzahl von Gräsern in Bündeln zusammen und schnitten hier und da die Stauden zurück, die für das Winterbild nicht so wichtig waren. So konnten wir die Blumenzwiebeln relativ leicht ausstreuen, und die Leute, die sie schließlich pflanzten, konnten sie gut sehen.

Kosmetische Pflege

Sind die Zwiebeln im Boden, widme ich mich der »kosmetischen Pflege«, damit ich den Garten so schön wie möglich in den Winter entlassen kann: Geknickte Stängel werden abgeschnitten und die liegenden Blätter der *Hosta* entfernt. Dieses Aufräumen macht einen großen optischen Unterschied: Der Garten kommt sozusagen in seinen Silhouetten und Strukturen wieder zum Vorschein. Man schaut ihn gern an. Und wenn es Reif oder Schnee gibt, der dem Ganzen kurzfristig einen silbernen Hauch verleiht, freue ich mich, dass ich mir die Mühe gemacht habe. Dann ist es auch an der Zeit, mit dem Rechen durch die Kieswege zu gehen. Dass dies wichtig ist, begriff ich erst, als ich für eine Freundin einen Garten rund um ihr Bauernhaus plante, das von Kieswegen umgeben war. Jeden Samstag wurde der Kies gerecht, nicht nur, damit es ordentlich aussieht, sondern auch, weil man durch das regelmäßige Rechen Sämlinge aufnimmt, die sich niederlassen wollen.

So zeigen im November die Vergissmeinnicht stolz, dass man auch im nächsten Jahr wieder ihre Blüte erwarten darf, aber im Kies möchte ich sie lieber nicht haben. Manchmal verpflanze ich sie in die angrenzenden Beete oder in die mit Blumenzwiebeln gefüllten Töpfe.

Hydrangea macrophylla 'Mme Emile Mouillère'

Der Stamm von *Prunus serrula*

Vertrocknete Blütenstände von *Allium nigrum*

Aconitum charmichaelii 'Arendsii'

Lunaria rediviva

Frühling und Frühsommer auf dem Shinko Central Square in Japan

Die Federn von *Pennisetum setaceum* 'Rubrum'

Der Rest kommt auf den Kompost. Auch das Waldflattergras *(Milium)* hat überall im Kies seine Samen hinterlassen. Die hole ich heraus, denn in den Beeten gibt es reichlich davon. Damit sind die Gartenarbeiten für diesen Monat abgeschlossen, und ich kann mich nun allmählich anderen Aufgaben widmen, die aber ebenfalls mit dem Garten zu tun haben.

Frühjahrszwiebeln im Ausland

Zu Beginn dieses Monats berichtete ich bereits von meinen internationalen Projekten. Meistens besuche ich sie im Herbst, wenn die Frühjahrszwiebeln gepflanzt werden müssen. Im November 2016 war ich für zwei Wochen in Japan, in den Städten Yokohama und Nagasaki. Zu Yokohama kam ich über eine japanische Landschaftsarchitektin, die während der Floriade 2012 im Japanischen Pavillon arbeitete und dort meine Frühjahrsbepflanzung sah. Sie war so begeistert, dass sie mir einen Auftrag in Yokohama verschaffte. Es ging um die Renovierung eines kleinen Parks in der Nähe des Hafens mit jeder Menge Zwiebeln, gefolgt von einjährigen Pflanzen als Teil der National Urban Greenery Fair im Frühjahr 2017. Nach einem ersten Besuch im Mai 2016 machte ich auf der Grundlage meiner Notizen und Fotos einen Vorschlag für die Neubepflanzung der öffentlichen Freifläche. Die ursprüngliche war schrecklich altmodisch, mit viel zu vielen Sorten ohne Zusammenhang. Das bereitete mir Kopfzerbrechen. Aber als ich im November das zweite Mal dort war, sah es schon ziemlich gut aus. Nach ein paar letzten Veränderungen war es Zeit für die Zwiebelmischung. Das war für alle Beteiligten ein ganz besonderer Moment, denn bis dahin wurden die Blumenzwiebeln immer in Sortengruppen und willkürlich über die Beete verteilt gepflanzt. Eine große Gruppe engagierter Freiwilliger half beim Ausstreuen und Pflanzen der Zwiebeln. Nach meiner kurzen Erklärung griffen die Helfer tief in die Zwiebelkisten hinein. Als ich sah, wie die Blumenzwiebeln in alle Himmelsrichtungen flogen, musste ich dann aber doch eingreifen.

Nach vier langen Tagen hatten wir die Arbeit erledigt, und ich war auf dem Weg zum nächsten Projekt nach Nagasaki. Dort gibt es auf einer Fläche von zwei Quadratkilometern den Themenpark Huis ten Bosch. In diesem Park stehen verschiedene bekannte niederländische Gebäude wie das Rathaus von Gouda, der Hauptbahnhof von Amsterdam, der Turm des Doms von Utrecht und die Passage von Den Haag. Alles sehr exakt im Maßstab 1:1 nachgebaut. Dazu noch die Mühlen von Kinderdijk und das Hotel De L'Europe, in dem ich schlafen durfte. Insgesamt eine eher fremdartige Atmosphäre, aber irgendwie doch mit Charme.

Die Japaner und Besucher aus den benachbarten Ländern wie China sind verrückt danach und kommen zu Hunderttausenden pro Jahr. 2017 feierte der Park sein 25-jähriges Bestehen. Dem zu Ehren durfte ich die Blumenzwiebelpflanzung im Vorgarten des Palastgebäudes gestalten. Der Entwurf war einfach: verschiedene Farbmischungen mit Tulpen in Reihen, dazwischen Mischungen von zweijährigen Frühjahrsblumen wie Vergissmeinnicht, Mauerblümchen und *Bellis*. Auf einer Fläche von ungefähr 300 Quadratmetern mussten Zehntausende Zwiebeln in den Boden eingebracht werden. Mit einer Gartentruppe von 15 Leuten war die Aufgabe in sechs Tagen erledigt.

Die Ergebnisse beider Projekte machten viel Freude. Das Projekt in Nagasaki war ganz einfach, ein einmaliges Farbenmeer. Nach einem kalten Start gediehen die Tulpen und Zweijährigen gut: Drei Wochen lang erschienen nacheinander verschiedene Farbkombinationen. Den Besuchern, welche die vorherigen kleinen Flächen mit hauptsächlich gelben und roten Tulpen kannten, gefiel das gut. In Yokohama war es anspruchsvoller: Hier folgten auf die Frühjahrsblüte verschiedener Zwiebelgewächse prächtig blühende Stauden sowie Einjährige, und nach den üblichen Regenzeiten in den Monaten Juni und Juli zeigte

Im Vorgarten des Palastes Huis ten Bosch in Nagasaki wurden in drei Tagen von einem Gartentrupp mit 15 Mann 60 000 Tulpenzwiebeln gepflanzt.

sich eine Kombination von späten Stauden und Ziergräsern. Die Wettergötter waren uns gewogen, und alles verlief nach Plan. Der Park wurde im Lauf des Jahres immer schöner. Alle waren so zufrieden, dass man beschloss, im darauffolgenden Jahr weiterzumachen. Nun wurde 2018 der Shinko Central Square zu einer kleinen grünen Perle am Rand des Zentrums von Yokohama.

Doch auch innerhalb Europas verfolge ich verschiedene Projekte. Deutschland beispielsweise ist für mich eine Konstante, denn von dort erhalte ich seit vielen Jahren regelmäßig Aufträge. Schon 2003 machte ich Pläne für Schloss Ippenburg in Bad Essen bei Osnabrück: Sie betrafen jährlich wechselnde Blumenzwiebelbeete und die Landesgartenschau im Jahr 2010 als Höhepunkt. Mein letztes Projekt hatte ich dort 2016, dann ging das Schloss an den Sohn über, und dieser verfolgte fortan leider andere Pläne.

NOVEMBER

Schloss Ippenburg in Bad Essen

Gräflicher Park in Bad Driburg

In Bad Driburg, wo Piet Oudolf gigantische Beete im Gräflichen Park kreiert hatte, wurde ich darum gebeten, eine Zwiebelbepflanzung als Vorspiel für die prächtige Blüte der Sommerstauden anzulegen. Und auch im Botanischen Garten Gütersloh wurde ein Plan von mir realisiert: eine gemischte Bepflanzung von Frühjahrszwiebeln mit Zweijährigen im Parterre des Englischen Gartens.

Bei den meisten Projekten bin ich während der Pflanzung selbst dabei – das ist immer interessant. Diese Arbeiten beschäftigen mich in den Monaten Oktober und November. Nun muss der eigene Garten warten, aber das ist in Ordnung, denn in dieser Zeit nimmt hier die Gartenarbeit ab. Die Projekte im Ausland finde ich allesamt sehr inspirierend, aber wenn ich Ende November wieder von meinen Reisen zurück bin und in meinem eigenen Garten beim Bodnant-Schneeball (*Viburnum bodnantense* 'Dawn') die ersten Blüten sehe, freue ich mich sehr, dass ich zu Hause bin.

12 Monate

JANUAR

FEBRUAR

MAI

JUNI

SEPTEMBER

OKTOBER

in meinem Garten

MÄRZ

APRIL

JULI

AUGUST

NOVEMBER

DEZEMBER

Lieblingspflanzen: grau

Senecio cineraria 'Cirrus'

Der November steht für eine Skala grauer Töne; er ist hauptsächlich ein farbloser Monat. In der Pflanzenwelt finden sich viele Varianten von Grau, vor allem bei den Blättern. Sie sind alles andere als eintönig und langweilig, es zählen die verschiedenen Nuancen: silbrig grün, silberweiß oder bläulich. Graublättrige Pflanzen sind in Blattpflanzenbeeten, die ab und zu hellere Akzente brauchen, unverzichtbar. Auch in farbintensiven Beeten verwende ich sie, um die Bepflanzung atmen zu lassen. Mit einer neutralen Farbe wie Weiß verbindet sich Grau ebenfalls gut: Denken Sie an den Weißen Garten in Sissinghurst, in dem graublättrige Pflanzen eine prominente Rolle spielen! Eine weitere Novemberfarbe ist Braun. In meiner Lieblingsliste steht also eine Mischung von beiden, sie sind übrigens auch in Kombination sehr schön.

Amaranthus 'Hot Biscuits'
Eryngium yuccifolium
Eucomis comosa 'Sparkling Rosy'
Euphorbia myrsinites
Pennisetum macrourum
Pennisetum 'Vertigo'
Ratibida columnifera
Salvia farinacea 'Cirrus'
Salvia officinalis 'Purpurascens'
Senecio cineraria 'Cirrus'

Amaranthus 'Hot Biscuits'

Eryngium yuccifolium

Eucomis comosa 'Sparkling Rosy'

Euphorbia myrsinites

Pennisetum macrourum

Pennisetum 'Vertigo'

Ratibida columnifera

Salvia farinacea 'Cirrus'

Salvia officinalis 'Purpurascens'

DEZEMBER

Die Winter meiner Jugend waren sicher kälter als die heutigen: Der Nikolaus kam bei schneidendem Wind mit dem Boot, und die Wanderungen am ersten Weihnachtstag gingen durch tiefen Schnee. In diesem Jahr stand Mitte Dezember im Kies noch eine einzelne gelbe Königskerze in Blüte, während um die Ecke, im Café an der Vecht, die Gäste draußen auf der Terrasse saßen. Das sind die Überraschungen der Natur: Kein Jahr gleicht dem anderen, obwohl es sich langsam doch nach Klimawandel anfühlt.

Winterschlaf ... oder nicht?

Der Klimawandel lässt sich auch an einer der wenigen Stauden erkennen, die im Winter in unserem Garten blühen, an *Helleborus*, der Christrose. Sie hat ihren Namen zu Recht, denn ab Ende Oktober erscheinen die dicken Knospen von *Helleborus foetidus* (Stinkende Nieswurz), die oft schon vor Weihnachten zu apfelgrünen Blüten werden. Daneben zeigt jetzt auch schon *Helleborus orientalis* dicke Knospen. Das ist sehr ungewöhnlich, denn normalerweise kommt die Art erst im Februar in Blüte. Sobald diese beginnt, muss man das immergrüne Blatt abschneiden, damit die Blüten besser sichtbar sind. Dies erweist sich außerdem als gutes Mittel gegen die Blattfleckenkrankheit, die Christrosen befallen kann. Also ging ich an einem angenehmen, beinahe frühlingshaften Tag mit der Schere in den Garten. Das Schneiden der Blätter ist jetzt einfach, denn sie beugen sich, sobald die Pflanze Knospen treibt, als wollten sie sagen: »Wir machen nun Platz für die Knospen.« Auf dem Boden bildet sich ein Kranz liegender Blätter, und man sieht gut, wo man schneiden kann.

Auf dem reichen, feuchten Lehmboden in unserem Garten wachsen Christrosen gut. Es dauert seine Zeit, bis die jungen Pflanzen wirklich Volumen bekommen. Aber wenn es ihnen gefällt, treiben sie bis zu 20 Blütenstiele pro Pflanze. Hilfreich sind sicher die pulverisierten Eierschalen, die ich regelmäßig streue, denn Christrosen mögen Kalk. Sie sind enorm widerstandsfähig und überstehen auch kalte Perioden gut, selbst wenn es nicht immer so aussieht. Wenn sie mit schlappen Stängeln überhängen, fürchtet man das Schlimmste. Aber sobald die Temperaturen steigen, stehen sie wieder stolz und aufrecht! Eindrucksvoll ist auch die lange Blütezeit von sicherlich acht Wochen.

Gesprenkelte *Helleborus orientalis*

Neue Knospen an *Helleborus orientalis*

Der Frost sorgt für eine kleine Niederlage …

… doch diese dauert zum Glück nicht lange.

Pulverisierte Eierschalen sorgen für eine Extraportion Kalk.

Die Christrosen in voller Blüte

Sämlinge von Vergissmeinnicht
auf dem Kiesweg

Selbst wenn sie Samen bilden, sind sie noch attraktiv. Eine ideale Winterpflanze! Es gibt sie in vielen Farben und Formen. Ich mag aber die einfachen weißen oder grün-rosa Sorten am liebsten, denn sie präsentieren sich gut vor dem dunklen, winterlichen Untergrund. In meinem Garten sind aus verschiedenen Kultivaren inzwischen viele Sämlinge entstanden. Müsste ich für den Garten eines Kunden eine schöne Christrose aussuchen, würde meine Wahl auf *Helleborus orientalis* 'Pretty Ellen White' fallen. Es gibt auch Varianten in Rosa oder Lilarot mit Namen wie 'Pretty Ellen Pink' und 'Pretty Ellen Red'.

Winterannuelle

Ein anderes Lebenszeichen in unserem Wintergarten manifestiert sich in Form der »Winterannuellen«: Pflänzchen, die nur in der Winterzeit aktiv sind. Sie durchlaufen folgenden Zyklus: Blüte im Frühjahr oder im Frühsommer, Samenbildung und Samenverteilung direkt nach der Blüte, wonach im Herbst die Samen keimen und sich sofort in wintergrünen Blattrosetten zeigen. Dank chemischer Substanzen im Blatt, wie beispielsweise Raffinose, sind diese Rosetten frosthart und kommen ohne Schaden durch den Winter. Sie fallen im kahlen Wintergarten sofort auf, und man sieht leicht, wo sie sich ausgesät haben. Vor allem Vergissmeinnicht neigen dazu, sich zu Dutzenden im Kiesrand entlang der Beete einzunisten. Dort verraten sie sich schnell, und man kann sie an den Stellen, an denen man sie nicht haben will, leicht entfernen. Sobald die Temperaturen im März steigen, entwickeln sich die Winterannuellen rasch weiter und werden zu den wohlbekannten Frühjahrs- und Frühsommerblühern wie *Bellis* (Maßliebchen), *Alcea* (Stockrose oder Stockmalve), *Myosotis* (Vergissmeinnicht) und *Digitalis* (Fingerhut). Der Begriff »Winterannuelle« ist also nichts anderes als ein schönes Wort für »Zweijährige«. Darüber hinaus sind sie deutliche Vorboten einer neuen Gartensaison und damit Lichtpunkte in den dunklen Wintermonaten. Diese muss man übrigens nicht drinnen verbringen, denn bei dem aktuell milden Klima gibt es draußen noch das eine oder andere zu tun.

Frühjahrsblumenzwiebeln pflanzen, Teil 2
Der Dezember ist ein guter Monat, um noch ein paar Zwiebelgewächse zu pflanzen. Manche Sorten mögen es sogar, wenn man sie spät pflanzt, beispielsweise Tulpen, *Camassia* (Prärielilie), *Anemone coronaria* (Kronen-Anemone oder Garten-Anemone), *Allium* und *Nectaroscordum* (Sizilianischer Honiglauch). Die Auswahl ist dann zwar schon begrenzt, aber manche Betriebe verkaufen am Ende der Liefersaison ihre Reste. Vielleicht bietet sich nun sogar die Gelegenheit für das eine oder andere Schnäppchen. Am besten wählt man einen Betrieb, der die Zwiebeln in den Monaten nach der Ernte unter guten Bedingungen – bei der richtigen Temperatur – gelagert hat. Zwiebeln, die seit Ende August viel zu warm und trocken in einem Gartencenter liegen, eignen sich für eine späte Pflanzung nicht!

Die größten Zwiebeln (Tulpen, *Camassia*, *Nectaroscordum*, aber auch Narzissen) setze ich immer mit einem speziellen Blumenzwiebelpflanzer ein: ein Rohr mit langem Stiel, das ich in den Boden bohre. Danach ziehe ich den Stiel wieder heraus – die Erde bleibt im Rohr stecken – und stelle so sicher, dass Pflanzloch und Tiefe richtig sind. Ich gebe zu, das funktioniert nur bei lehmigen Böden. In lockerer Erde entsteht so ein schönes Loch nicht, und man benötigt das Pflanzschippchen.

Mir war immer wichtig, Blumenzwiebeln so nachhaltig wie möglich zu verwenden. Zwiebeln werden also nach der Blüte nicht aus

Tulipa 'Flaming Parrot'

Zwiebelpflanzer für größere Zwiebeln

dem Boden geholt und gelagert, sondern einmalig gepflanzt, im Boden gelassen, und dann wird gehofft, dass sie wiederkommen. Bei vielen Zwiebeln geht das gut, bei Tulpen leider nicht immer. Sie sind zu wählerisch: der richtige Ort, nicht zu nass und nicht zu trocken, die richtige Menge Licht … Aus Erfahrung weiß ich, dass die stärksten, mehrjährigen Tulpen aus den Gruppen der Darwinhybriden, Lilienblütigen, der Einfachen Späten und Gefüllten kommen. Aber auch einige Papageientulpen, darunter 'Black Parrot', 'Flaming Parrot' und 'Professor Röntgen', kommen mehrere Jahre wieder.

Selbst bei Zierlauch-Arten gibt es einen überraschend hohen Prozentsatz, der über viele Jahre wiederkommt. In einem Beet, das nicht einmal in voller Sonne liegt, stehen in meinem Garten Gruppen von *Allium nigrum* (ein irreführender Name, denn die Blüten sind weiß mit grünem Herzen), die seit über 20 Jahren im Mai prächtig blühen. Wenn sie sich öffnen, sind die weißen lilienblütigen Tulpen 'White

Allium aflatunense 'Purple Sensation'

Triumphator', die im gleichen Beet stehen, auf dem Rückzug. Das passt perfekt. Andere *Allium*-Arten, die seit vielen Jahren überleben und sich sogar störend vermehren können, stehen in folgender Liste:

Allium aflatunense 'Purple Sensation' (lila)
Allium cowanii (Neapolitanischer Lauch, weiß)
Allium 'Firmament' (lila)
Allium moly (gelb)
Allium oreophilum (lilarosa)
Allium roseum (rosa)
Allium sphaerocephalon (Kugelköpfiger Lauch, bordeauxrot)
Allium triquetrum (Glöckchen-Lauch, weiß)
Allium ursinum (Bärlauch, weiß)
Nectaroscordum siculum (Sizilianischer Honiglauch, mattgrün)

Nectaroscordum siculum

Camassia leichtlinii 'Caerulea'

Tulipa 'Ballerina'

Tulipa 'Daydream'

Mischung von Tulpen und *Anemone coronaria*

Tulipa 'Marilyn'

Allium triquetrum

Allium ursinum

Die Prärielilie *(Camassia)* ist eine Art, die viele nicht kennen. Wenn sie blüht, zeigt sie ihre auffällige Erscheinung, und jeder will sie sofort im Garten haben. Ich sah sie zum ersten Mal in den Blumenwiesen von Christopher Lloyd in Great Dixter und war völlig begeistert: stattliche, 80 Zentimeter hohe Blumen mit hellblauen und mittlerweile auch cremeweißen Blüten. Bei mir stehen sie sowohl in praller Sonne als auch im Halbschatten und gedeihen an beiden Orten gut. Das liegt auch am nährstoffreichen, feuchten Boden. Die bekanntesten sind *Camassia cusickii* (graublau), *Camassia leichtlinii* 'Caeruluea' (hellblau) und *Camassia leichtlinii* 'Sacajawea' mit cremeweißen Blüten und weißem Rand am Blatt. Neben diesen hohen Arten gibt es noch *Camassia quamash* (lilablau), die nur 40 Zentimeter hoch wird.

Und dann gibt es da noch die Anemonen – sie werden durch die Klimaveränderung immer interessanter. Als ich vor mehr als 20 Jahren mit Zwiebeln anfing, hatten Anemonen noch das Prädikat »nicht winterhart«. Heute pflanze ich sie ohne zu zögern. In unserem Rondell stehen außen die Sorten *Anemone coronaria* 'Sylphide' (lila) und 'Mr. Fokker' (dunkelblau), die zu den ungewöhnlichsten Zeiten blühen; manchmal wie erwartet, zusammen mit der rosa, lilienblütigen Tulpe 'Jacqueline', aber manchmal auch im Oktober oder März.

Bäume für kleine Gärten

Der Winter ist auch die Zeit, in der die eigentliche Struktur des Gartens gut sichtbar wird. Aber dazu mehr im Januar, an dieser Stelle möchte ich zunächst explizit über Bäume sprechen. Viel zu oft wird für kleine Gärten der falsche Baum gewählt, der nach ein paar Jahren deutlich zu groß wird. Darum ist es wichtig, für kleinere Gärten direkt einen passenden, klein bleibenden Baum auszusuchen.

Als ich unseren Garten 1985 anlegte, gab es einen Grundstock alter Bäume. Zusätzlich brauchte es ein paar neue Bäume, um mit ihnen die Struktur des Gartens zu verdeutlichen. Es gab eine Reihe Schwarzbirken *(Betula nigra)* und gegenüber, an der anderen Seite des Gartens, ein paar Weißdorne *(Crataegus monogyna)*. Weißdorn wurde einst in den Niederlanden wegen seines Verteidigungscharakters (stachelig) auf allen Festungen gepflanzt, die Birken kamen in den 1950er-Jahren dazu, als hier für kurze Zeit eine kleine Gärtnerei stand. Letztere sind die stattlichen Wächter beim Haupteingang des Gartens, und auch der Weißdorn ist – dank früher Eingriffe – auf eine gute Art in den Garten integriert. Von Natur aus hat dieser Typ Baum eine wirre, unordentliche Wuchsweise, die zwar gut an die natürliche Seite des Deichs anschließt, aber zum Garten eher weniger passt. Darum haben wir beschlossen, die Weißdornbäume in Schirmform zu schneiden, damit sie dem Charakter des Gartens entsprachen. Dazu sollten noch ein paar andere, nicht alltägliche Bäume kommen, die auf lange Sicht die Struktur des Gartens bestimmen. Diese sollten nicht zu groß werden und nicht viel Schatten werfen.

In Schirmform geschnittener Weißdorn
(*Crataegus monogyna*)

Die Wahl fiel schließlich auf *Magnolia obovata* (eine dreistämmige, großblättrige Magnolie mit Blättern von einer Länge bis zu 45 Zentimetern), *Broussonetia papyrifera* (Papiermaulbeerbaum) und *Prunus serrula* (Tibetische Kirsche). Neben dem eigentlichen Garten am zweiten Eingang wurde *Cladrastis lutea* (Gelbholz) gepflanzt. Die drei letztgenannten Bäume bilden mit ihrer Höhe von sechs Metern an verschiedenen Stellen ein Dach. Die Magnolie wächst mit zehn Metern Höhe schmal darüber hinaus. Schön ist, wenn diese Bäume in Kombination ihre besten Eigenschaften zeigen. Die Kirsche hat das ganze Jahr über einen attraktiven Stamm: eine glänzende dunkelbraune Rinde, die sich in Bändern ablöst und Terrakotta-Streifen zum Vorschein bringt, sodass es fast so aussieht, als wären Bänder um den Baum gebunden worden. Der Papiermaulbeerbaum trägt

Halesia monticola

Cladrastis lutea

Magnolia obovata

hellgrünes Laub, das sich im Herbst golden färbt, das Gleiche gilt für das Gelbholz; bei diesem Baum erscheinen im Juni als weiterer Trumpf duftende, weiße Blüten, welche an die Blüten des Blauregens erinnern. Die Magnolie trägt extrem große Blätter und im Mai große, weiße Blüten. All diese Bäume passen hinsichtlich ihrer Größe auch in einen normalen Garten, ebenso folgende Arten:

Acer capillipes (Roter Schlangenhautahorn)

Acer griseum (Zimtahorn)

Amelanchier arborea 'Robin Hill' (Schneefelsenbirne)

Amelanchier lamarckii 'Ballerina' (Kanadische Felsenbirne)

Acer griseum

Cercis canadensis 'Forest Pansy'

Prunus serrula

Cercis canadensis 'Forest Pansy' (Judasbaum)

Clerodendrum trichotomum var. *fargesii* (»Erdnussbutterbaum«, der so heißt, weil seine Blätter, wenn man sie reibt, nach Erdnussbutter riechen)

Halesia monticola (Schneeglöckchenbaum)

Koelreuteria paniculata (Rispiger Blasenbaum)

Malus 'Evereste' (Zierapfel)

Abtauchen in Gartenbücher und Kataloge

Dezember ist der beste Monat, um mit einem Stapel Gartenbücher und Kataloge am Ofen zu sitzen, neue Pläne zu erträumen und von den Erfahrungen anderer Gartenliebhaber zu lesen. Eines meiner ersten Gartenbücher – es fällt heute fast auseinander – ist *Aus meinem Garten* von Vita Sackville-West. Ich habe es seit 1980. Damals fing ich an, mich näher mit Pflanzen zu befassen. In diesem immer noch interessanten und lehrreichen Buch beschreibt Vita Sackville-West, was in jeder Jahreszeit in ihren Gärten in Sissinghurst passiert. Auch viele andere Bücher sind in meinem Bemühen, immer mehr über Pflanzen sowie die Art und Weise der Bewirtschaftung zu lernen, mal mehr, mal weniger ein Leitfaden gewesen. Meine Favoriten sind:

Dear Friend and Gardener: Ein Briefwechsel über das Leben, das Gärtnern und die Freundschaft (Beth Chatto und Christopher Lloyd)

Hillier Manual of Trees and Shrubs (John Hillier)

Jardins nomades – Tapis de fleurs (Eric Ossart und Arnaud Maurières)

Western Garden Book (Kathleen Norris Brenzel)

Carnet de création (Katalog Simier)

Guide-catalogue *Plantes pour jardin sec* (Katalog der Baumschule Filippi)

Plantengids (Katalog der Gärtnerei De Hessenhof)

Jungpflanzen und Saatgut (Katalog einjähriger Sommerblumen Volmary)

12 Monate

JANUAR

FEBRUAR

MAI

JUNI

SEPTEMBER

OKTOBER

in meinem Garten

MÄRZ

APRIL

JULI

AUGUST

NOVEMBER

DEZEMBER

Lieblingspflanzen: rosa

Anemone tomentosa 'Robustissima'

Rosa zählt nicht zu meinen Lieblingsfarben, aber richtig eingesetzt, ist es eine Bereicherung. In meinem Garten verwende ich es sparsam. An einem hellen, sonnigen Tag wirkt Rosa schnell gräulich. Darum braucht man gute Stützfarben in der Nähe, wenn man Rosa in sonnige Beete setzt: Lila, Braun, Tiefrot und Dunkelgrün. Eine andere Möglichkeit ist, Rosa Ton in Ton mit Weiß, Lila, Pink und einer Prise Apricot zu kombinieren. Dann fließen die Farben ineinander. Fast immer, wenn ich Rosa verwende, geht es um Beete, die ganz oder teilweise im Schatten liegen. Meine fünf Lieblingspflanzen für nicht sonnige Stellen sind:

Anemone tomentosa 'Robustissima'
Geranium sanguineum 'Apfelblüte'
Helleborus x ericsmithii 'Pirouette'
Hydrangea macrophylla 'Romance'
Lilium martagon

Und hier noch fünf für sonnige Stellen:
Anisodontea capensis
Echinacea purpurea 'Fatal Attraction'
Erodium manescavii
Lythrum salicaria 'Swirl'
Papaver orientale 'Helen Elisabeth'

Anisodontea capensis

Echinacea purpurea 'Fatal Attraction'

Erodium manescavii

Geranium sanguineum 'Apfelblüte'

Helleborus x *ericsmithii* 'Pirouette'

Hydrangea macrophylla 'Romance'

Lilium martagon

Papaver orientale 'Helen Elisabeth'

Lythrum salicaria 'Swirl'

JANUAR

Der Beginn eines neuen Jahres ist ein guter Zeitpunkt zum Nachdenken. Auf den Überfluss des Dezembers folgt ein ruhiger Monat. Man hat das Gefühl, man könnte von vorn anfangen. Meine Finger kribbeln, und der Garten ruft, aber es ist noch zu früh. Schnee und Frost können die Bemühungen leicht ruinieren. Am Horizont erahnt man schon das Frühjahr ... mit den heutigen milden Wintern ist die Versuchung oft groß. An einem wärmeren Tag gehe ich nach draußen und fange an, Sämlinge zu entfernen, die ich nicht haben will, oder ich verpflanze noch schnell ein paar Schneeglöckchen, die der Maulwurf ausgegraben hat. Nach so einem ersten Arbeitstag im Garten bekomme ich stets Rückenschmerzen, aber sogar die genieße ich.

Schafe und Schneeglöckchen

Im Jahr 1985 zog ich nach Weesp: ein neuer Ort und in unserem Fall ein neues großes Feld mit vielen Überraschungen. Im ersten Winter erschienen auf einmal unterhalb des Deichs am Fuß der großen Pappeln Hunderte von Schneeglöckchen. Ein Geschenk, denn wir hatten den Grund enorm verwildert angetroffen, und dies war das Letzte, was wir erwarteten. Ein paar Jahre lang freuten wir uns darüber, bis wir beschlossen, Texelschafe zu kaufen, um das Gras auf dem Deich kurz zu halten. Die Schafe schienen die Schneeglöckchen zu mögen, denn im folgenden Jahr blühten nur noch wenige, bis sie schließlich ganz verschwunden waren. Aber auch Schafe haben kein ewiges Leben. Nachdem das letzte in hohem Alter gestorben war, kamen neue Schafe: diesmal Minischäfchen, Ouessantschafe, die ursprünglich von der Insel Ouessant vor der Küste der Bretagne stammen. Diese Schafe sind mit ihren französischen Wurzeln viel wählerischer: Sie mögen keine Schneeglöckchen. Vor zwei Jahren sah ich zu meinem großen Erstaunen im Januar wieder die ersten Schneeglöckchen. Was wahrscheinlich passiert war: Der Samen der ersten Schneeglöckchen hat sich in den Jahren zu blühfähigen Zwiebeln entwickelt, und die haben jetzt ihre große Chance, weil unsere jetzigen Schäflein

Ein Feld voller Schneeglöckchen

Unsere Ouessantschafe zwischen den Schneeglöckchen

Im Winter zeigt sich der Teich von einer ganz anderen Seite.

sie in Ruhe lassen. Diese Blumen sind das erste Lebenszeichen auf dem noch kahlen Terrain. Wenn ich im Januar draußen herumlaufe und vom Deich heruntersehe, fallen mir jedes Jahr alle möglichen anderen Dinge auf. Eines davon ist die Struktur unseres Gartens. Sie kommt besonders zur Geltung, wenn eine dünne Schicht Schnee liegt.

Struktur

Jeder Garten braucht einen Rahmen, der die wichtigen und weniger wichtigen Räume bestimmt und durch den die Verhältnisse innerhalb des Gartens sichtbar werden. In unserem Garten besteht die Struktur aus Bäumen, Hecken, Sträuchern und Formgehölzen. Die Bäume sind die erste Strukturlage: Sie bilden sozusagen das Dach des Gartens, wodurch die Räume eine Begrenzung nach oben erfahren. Die zweite Strukturlage besteht aus Hecken. Man hat auf diese Weise eine grüne Wand, die deutlich macht: Hier hört der eine Bereich auf, und der folgende, mit anderer Funktion, beginnt. So entsteht auch die Grenze zwischen unserem Modellgarten und unseren Privatgärten. Wir haben in der Mitte des Gartens eine Hecke gepflanzt, die einen ellipsenförmigen Teich umgibt. Das Grün bildet auch hier

Der Frost trägt das Seine dazu bei, dass die Winterstrukturen im Garten zu sehen sind.

den Übergang zwischen Räumen unterschiedlicher Funktion: an der Außenseite ein farbenreicher Garten, an der Innenseite ein stiller Ort mit dem Element Wasser. Diese Hecke wurde strategisch so platziert, dass man den Garten nicht direkt überblicken kann. Wenn man also durch den Garten spaziert, läuft man an der Hecke entlang und entdeckt immer wieder ganz neue, interessante Stellen.

Mitten im Garten haben wir eine Thujahecke gepflanzt. Sie war zwar nicht unsere erste Wahl, aber wir bekamen sie von einem befreundeten Gärtner als Geschenk und konnten schlecht Nein sagen. Inzwischen ist diese Hecke fast 30 Jahre alt. Sie wurde nicht immer gut gepflegt, es ist ziemlich viel Arbeit, und ich hatte nicht immer Zeit. Dadurch ist sie hier und da zusammengesackt. Das lässt sich nicht so einfach wegschneiden, denn es entstehen schnell Löcher. So gesehen ist *Thuja* keine einfache Art, die sich gut regeneriert. Aber wenn man die Ausstülpungen mitschneidet, entsteht eine eindrucksvolle Form und somit ein stattliches Element, das für die Staudenbeete drum herum einen ruhigen Hintergrund bildet.

In den Staudenbeeten habe ich beim Anlegen des Gartens vor 30 Jahren als dritte Strukturlage Sträucher und Schnittgehölze gepflanzt. Sie sind das verbindende Element zwischen den verschiedenen Beeten und geben dem Ganzen ein Gerüst. Außerdem bilden sie den Rahmen, der vor allem im Winter gut sichtbar ist, wenn der Großteil der Stauden abgestorben ist. Die Schnittgehölze bestehen meistens aus Gruppen von Buchskugeln, die sich hier und da mit einem Buchsbären oder Buchspfau abwechseln, die damals in Mode waren. Heute würde ich sie nicht mehr pflanzen, aber als Zeitbild sind sie noch reizvoll. Im Winter dienen sie als Blickfänger, die dem ziemlich kahlen Garten etwas Leben verleihen. Unter der Erde ist schon jede Menge in Bewegung, was man an den ersten Frühjahrsblühern sehen kann.

Noch mehr Schneeglöckchen (und andere frühe Blüher)
Schauen wir uns nochmals die Schneeglöckchen an – sie sind als die allerersten Frühblüher im neuen Jahr von unschätzbarem Wert. Ich bin keine echte Sammlerin und habe auch nur vier oder fünf verschiedene Sorten, aber diese Blümchen sind für mich im neuen Gartenjahr ein höchst willkommenes Zeichen für den Frühling.

So kaufte ich einmal als festlichen Tischschmuck eines winterlichen Essens Schneeglöckchen in Töpfen. Im Haus hielten sie es nicht lange aus, daher pflanzte ich sie nach draußen in meinen Vorgarten. Sie kamen treu jedes Jahr im Januar wieder, und die Horste wurden immer größer. Im Lauf der Jahre lernte ich, dass man sie direkt nach der Blüte verpflanzt. Ich pflückte die Horste vorsichtig auseinander, ließ zwei bis drei Zwiebeln zusammen und pflanzte sie gleich wieder in die Erde. »In the green« nennt sich das, weil die Zwiebeln mit den

Leucojum vernum

Die ersten Anzeichen des Frühlings machen sich schon im Januar bemerkbar.

Blättern verpflanzt werden. Mit dieser Methode habe ich großen Erfolg. Inzwischen liegt im Januar ein weißes Tuch Hunderter Schneeglöckchen in meinem Garten. Auf schattigen, leicht feuchten Stellen gedeihen sie optimal. Wer einen trockenen Boden hat, muss sie acht bis zehn Zentimeter tief in die Erde pflanzen.

Nach den Schneeglöckchen beginnen die Märzenbecher *(Leucojum vernum)*. In meinem Garten habe ich drei Horste, die mir einmal Piet Oudolf geschenkt hatte. An einem Wintertag lief ich mit ihm durch seinen Garten, als mir diese Pflanze auffiel. Sie war noch nicht in Blüte und stand an einem schattigen Platz an der Rückseite seines Hofes. Als ich ihn fragte, was das für eine Pflanze sei, wusste er ihren Namen nicht gleich, sagte aber: »Nimm gern ein paar mit.« So fuhr ich mit einem ausgegrabenen Klümpchen nach Hause, und jedes Jahr, wenn sie blühen, denke ich an den großzügigen Spender. Sie gedeihen, aber sie vermehren sich nicht stark. Das bestätigt, was ich gelesen habe: »Eine schwierige Art, die kühl und feucht stehen muss. Sie breitet sich nur unter idealen Umständen aus.«

Nicht alles, was jetzt blüht, ist klein und bescheiden. Schon seit November erscheinen die zartrosa, süß duftenden Blütendolden unseres *Viburnum bodnantense* 'Dawn', ein Strauch der ersten Stunde, jetzt über 30 Jahre alt. Eine imposante Erscheinung von gut vier Metern Höhe und fast vier Metern Breite. Im Lauf der Jahre habe ich die unteren Hauptstämme kahl geschnitten, sodass es kein dominanter Strauch geworden ist. Der Nachteil ist, dass sich Wasserschosse bilden, sobald man schneidet. Das sind schnell

Lütticher Bahnhof von Santiago Calatrava

Amsterdam Light Festival

Farbenfrohe Auslage auf dem Markt

wachsende Zweige, die bei einem Baum oder Strauch nach dem Schnitt treiben, weil die Pflanze das Bedürfnis hat, ihre Blattoberfläche wiederherzustellen. Aber wenn man diese Zweige im Sommer herausschneidet, kommen sie meistens nicht wieder. Die Form des Gehölzes ist also gut zu kontrollieren. Die Blüte reicht bis in den März. In kalten Perioden hält sich dieser *Viburnum* etwas zurück, aber wenn die Temperatur steigt, blüht er fröhlich weiter.

Inspiration

Im Sommer gibt es Inspiration im Überfluss. Sie kommt von Besuchen in Gärten, Parks, Gärtnereien und Pflanzenmessen. Nie ist genug Zeit, um alles zu sehen. Im Winter entfällt dies alles, sodass man sich für Inspirationen andere Quellen suchen muss. Für mich sind das Ausstellungen, aber genauso gut auch Veränderungen im Außenraum wie neue Gebäude, Brücken, Stadtmobiliar oder Kunst im Freiraum wie das Amsterdam Light Festival. Werde ich mit Schönheit konfrontiert, wenn ich sie am wenigsten erwarte, macht mich das glücklich. Das passiert beispielsweise, wenn ich auf einem Markt bin und ein Händler seine Produkte kreativ präsentiert.

Gartengeräte

Ich las einen Artikel von Romke van de Kaa, in dem er sich wunderte, dass manche Gartenliebhaber so viele Gartenwerkzeuge verwenden. Er schreibt: »Wer von uns braucht überhaupt einen Distel- oder einen Spargelstecher?« Das traf mich, denn mein Distelstecher hat schon gute Dienste geleistet: beim Ausstechen von Sauerampfer oder beim Pflanzen von Wildblumenzwiebeln im Gras. Mit einem Distelstecher kommt man leicht durch die Grasnarbe! Sonst bin ich bescheiden; abgesehen von Duplikaten (praktisch, wenn man ein Werkzeug verliert), umfasst meine Werkzeugsammlung zwölf verschiedene Teile:

Laubrechen	*Schubkarre*
Blumenzwiebelpflanzer	*Unkrautgabel*
Distelstecher	*Sichel*
Gießkanne	*Blumenkellen in diversen Formen*
Heckenschere	*Rosenschere*
Schaber	*Spaten*

Die kleinen Werkzeuge haben fast alle einen Holzgriff. Den habe ich orange gestrichen, damit ich im Garten alles schnell wiederfinde, wenn ich es weggelegt habe. Im Februar ist es an der Zeit, um alles aus dem Winterschlaf zu wecken – und darauf freue ich mich schon jetzt!

12 Monate

JANUAR

FEBRUAR

MAI

JUNI

SEPTEMBER

OKTOBER

in meinem Garten

Lieblingspflanzen: weiß

Lavatera 'White Angel'

Weiß ist meiner Meinung nach eine feine Farbe, weil sie so neutral und leicht zu kombinieren ist. Sie bildet manchmal buchstäblich ein »Licht im Dunkel«, denn an dunkleren Stellen leuchten weiße Blüten wie Lämpchen und lockern das Bild auf. Judaspfennig, Akelei, *Cimicifuga*, *Geranium*, *Aster divaricatus* und *Campanula* sind nur ein paar Beispiele. In der Sonne hat Weiß etwas Sprudelndes – es funkelt zwischen all den anderen Farben. Ideal als verbindendes Element in gemischten Pflanzengruppen ist beispielsweise *Gaura lindheimeri* 'Whirling Butterflies' oder *Anemone hybr.* 'Honorine Jobert'. Stauden kommen in den anderen Kapiteln aber zur Genüge vor. Darum folgt nun eine Liste meiner Lieblingssträucher, außerdem zwei Bäume, eine Kletterpflanze und doch noch zwei Stauden:

Amelanchier lamarckii

Choisya ternata 'Aztec Pearl'

Clematis 'Paul Farges'

Clerodendrum trichotomum var. fargesii

Exochorda macrantha 'The Bride'

Hydrangea macrophylla 'Mme Emile Mouillère'

Lavatera 'White Angel' [1]

Magnolia obovata

Romneya coulteri [2]

Viburnum plicatum 'Watanabe'

118 EIN JAHR IN MEINEM GARTEN

Amelanchier lamarckii

Choisya ternata 'Aztec Pearl'

Clematis 'Paul Farges'

Clerodendrum trichotomum var. *fargesii*

Exochorda macrantha 'The Bride'

Hydrangea macrophylla 'Mme Emile Mouillère'

Magnolia obovata

Romneya coulteri

Viburnum plicatum 'Watanabe'

¹ Offiziell eine Staude, aber mit der Größe eines kleinen Strauches
² Offiziell eine Staude, aber mit der Größe eines großen Strauches

FEBRUAR

Februar ist ein heimtückischer, gefährlicher Monat, dem man am wenigsten vertrauen kann. Im einen Jahr hat er Tage mit strengem Frost, im nächsten treibt alles so schnell, dass man lieber gestern als heute mit der Gartenarbeit beginnen möchte. Ich liebe Struktur und Pläne. So gesehen ist der Februar ein Problem, denn man kann eigentlich nichts planen. Daher arbeite ich in diesem Monat ganz nach Gefühl. Ich gehe in den Garten, sobald die Sonne scheint und Plusgrade verspricht. Zu wissen, dass es nun nicht mehr lange dauern kann, bis der Frühling einzieht, ist ein gutes Gefühl.

Schneiden, hacken, räumen

Nichts ist schöner, als an einem sonnigen Februartag die Schubkarre und die Werkzeuge zu packen und loszulegen. Zuerst werden die Beete in Angriff genommen, die geschützt und warm liegen und in denen alles am schnellsten treibt. Ich schneide die Stauden und Ziergräser zurück, bis auf die frostempfindlichen Arten wie *Gaura* und Lavendel; diese müssen noch bis März warten. Sträucher werden, wo nötig, beigeschnitten oder sogar bis auf den Boden zurückgeschnitten, weil sie dann die meisten Blüten treiben. Das gilt beispielsweise für das reich blühende Johanniskraut (*Hypericum inodorum* 'Elstead'). Die Hortensien lasse ich noch in Ruhe. Mit ihren vertrockneten Blüten sehen sie dekorativ aus, und schneidet man sie zu früh, ist das Risiko von Frostschäden größer.

Ist die meiste Schnittarbeit erledigt, wird es Zeit, Unkraut zu jäten. Ich wundere mich immer wieder, wie früh sich doch schon »unerwünschte Pflanzen« im Beet einnisten: Sämlinge von Eschen, die weiter weg stehen und sich nun in den kahlen Beeten mit ihren winzig

122 EIN JAHR IN MEINEM GARTEN

Zurückgeschnittenes *Hypericum inodorum* 'Elstead'

Die dekorativen vertrockneten Blüten der Hortensie

Das Nachbarsmädchen bei Wind und Wetter auf einer Kopfweide

Sämlinge von Waldfedergras

kleinen, gräulichen Stämmchen und schwarzen Knospen verraten, aber auch hinterhältiger Sauerampfer, die leuchtend gelben Blätter des Waldflattergrases (*Milium effusum* 'Aureum') und das dunkelgrüne Viermännige Schaumkraut *(Cardamine hirsuta)*. Mir ist durchaus bewusst, dass in den grünen Blattrosetten viel Vitamin C sitzt, dass es pfefferig schmeckt und dass man es gut als Salat essen kann, aber ich möchte es doch lieber loswerden, denn die Nachkommen sind zahlreich.

Schließlich noch die Frage des Laubs: Nimmt man es mit dem Rechen beim Saubermachen mit oder lässt man es liegen? Ich bin für Zweiteres, es macht den Boden reicher und schützt vor Austrocknung. Am Ende des Gartens steht eine riesige Buche, die im Herbst Massen von Blättern (und Bucheckern) verliert. Wenn man diese liegen lässt, entsteht eine dicke, pappige Blattschicht, die sich sehr schlecht abbaut. Die nehme ich nach dem Winter so gut es geht weg. Die Pflanzen darunter wurden in der kältesten Zeit davon geschützt, aber im Frühjahr erstickt darunter zu viel. Vorsichtiges Abrechen ist daher das Mittel der Wahl.

Iris 'Katherine Hodgkin'

Der Garten nach dem Säubern

Entdeckung und Inspiration

An solchen Tagen krieche ich auf Händen und Knien durch den Garten, um überall hinzukommen. Dann gehe ich auf Entdeckungsreise im eigenen Garten, weil ich bei all dem Aufräumen immer neuen Überraschungen begegne. Das passiert natürlich jedes Jahr, und jedes Mal verleiht es mir enorme Energie, wenn ich aus der Nähe sehe, wie der Garten wieder zum Leben erwacht: die roten Triebe der Pfingstrosen, die ersten grüngrauen Spitzen der *Iris* 'Katherine Hodgkin', die innerhalb einer Woche zur Blüte kommen, sowie zahlreiche Sämlinge, die man in einem frühen Stadium kennenlernt. Nach einem langen Tag an meinem Schreibtisch, am Computer oder Zeichenbrett, bin ich erschöpfter als nach so einem Tag im Garten. Denn dieser gibt Adrenalin und sorgt dafür, dass ich den Kopf wieder frei bekomme. Bei all dem Schneiden, Jäten, Rechen kommen und gehen die Gedanken, und manchmal ergibt sich während dieser Tätigkeiten die Lösung eines Problems, über dem ich im Büro schon seit Tagen gebrütet habe.

Die Gelbdolde im Kies

Sämlinge von *Helleborus orientalis*

Papaver somniferum 'Lauren's Grape' an sonniger Stelle

Selbstaussäende

Beim Gartenrundgang begegne ich natürlich auch in großer Zahl den »Selbstaussäern«: Pflanzen, die sich durch Samen vermehren und die man an den unterschiedlichsten Stellen findet. An feuchten Plätzen entstehen ganze Kolonien von *Smyrnium* (Gelbdolde), *Lunaria rediviva* (Mondviole), *Digitalis lutea* (Gelber Fingerhut), *Aquilegia* (Akelei) und *Helleborus* (sowohl *orientalis* als auch *foetidus*). An trockeneren Stellen und an den Rändern der Kieswege finde ich immer Sämlinge von *Verbascum blattaria* (Schabenkönigskerze), *Linaria* (Leinkraut), *Myosotis* (Vergissmeinnicht), *Erysimum* (Mauerblümchen), *Verbena bonariensis* (Eisenkraut), *Milium* (Flattergras) und *Erigeron karvinskianus* (Berufskraut). Im ganzen Garten, an sonnigen und schattigen, trockenen und feuchten Stellen, verbreiten sich *Meconopsis cambrica*, der orange Scheinmohn, sowie *Primula eliator*, die Hohe Schlüsselblume. Letztere verleiht dem Garten im März und April einen schwefelgelben Farbtupfer. In dieser Zeit gehe ich oft in die Beete, um hier und da ein Pflänzchen für Besucher auszustechen, die diese Pflanze ebenfalls haben möchten. Wenn sich die Schlüsselblume und der Scheinmohn einmal im Garten niedergelassen haben, bleiben sie da. Ich mag ihre Bescheidenheit und die zarten Farben sehr.

Die unberechenbarste Pflanze unter den Selbstaussäenden ist der Mohn, den ich vor Langem als Saat in einem Garten gekauft hatte. Natürlich steht er im wärmsten und sonnigsten Beet mit relativ trockenem Boden, dennoch hat es mich einiges an Zeit gekostet, bis ich

Helleborus x *ericsmithii* 'Pirouette' zeigt sich im Februar.

wusste, was er braucht. Mohn steht gern in einem Boden, der jährlich vorsichtig mit einer Blumenkelle gelockert wird. Im einen Jahr kommt er prominenter als im anderen, und die Blüte ist nur kurz, aber die dunkelrote Farbe ist fantastisch. Ich kaufte ihn ohne Etikett, aber ich glaube, es ist *Papaver somniferum* 'Lauren's Grape'.

Renovierung

Wenn man jeden Tag über ein vor langer Zeit geplantes Gelände läuft, fällt es nicht auf, aber wenn man anlässlich des 30. Jubiläums Bilder von 1985 sieht, ist es schon sehr deutlich, dass die damals jungen Bäume zu großen Exemplaren gewachsen sind. Als im Juli 2017 ein Sommersturm über das Terrain raste und diverse Weiden und Eschen zerstörte, wurde es Zeit, sich etwas ernsthafter mit der Gesundheit und

Bericht über die Gesundheit der Bäume auf unserem Areal. Die roten Markierungen zeigen, welche Bäume gerodet werden müssen. Zeit für Neues!

Lebenserwartung aller Bäume zu befassen. Ein darauf spezialisiertes Büro wurde damit beauftragt, und im Bericht stand schließlich, dass verschiedene Bäume am Ende ihres Lebenszyklus und einige davon ernsthaft krank waren. Zu den kranken Bäumen gehörten auch drei Schwarzbirken am Südrand des Modellgartens. Sie waren vom Honigschwamm befallen, und so kam an einem strahlenden Februartag die Säge zum Einsatz.

Das tat schon weh, und wir mussten uns an das neue Bild erst gewöhnen, aber durch die Baumfällungen ist es im Garten viel heller

Die ersten Triebe der Tulpen zeigen sich schon in diesem Monat.

geworden! Und welche Möglichkeiten haben wir nun, um die Beete, die erst im Schatten der großen Bäume lagen, optisch neu zu gestalten. Die ersten, die sich über das Licht freuen, sind Krokusse (*Crocus chrysanthus* 'Gipsy Girl'). Früher gingen sie erst spät am Nachmittag auf, wenn die letzten Sonnenstrahlen sie erreichten, jetzt stehen sie an einem hellen Tag ab zwölf Uhr mit ihren strahlenden Blüten da.

Vorsichtsmaßnahmen

Da wir jetzt doch schon bei Frühjahrszwiebeln sind: Februar ist ein guter Monat, um über Tulpen nachzudenken. Ich gärtnere gern so nachhaltig wie möglich, deshalb lasse ich meine Frühjahrszwiebeln seit gut 20 Jahren nach der Blüte im Boden. Das gilt auch für Tulpen. In all den Jahren habe ich gelernt, wie ich für sie sorgen muss, damit sie viele Jahre blühen, auch wenn die Blüte manchmal kleiner ist. Eine Maßnahme ist beispielsweise, dass ich im Februar, wenn sie die Triebe gerade durch den Boden stecken, Kuhmistgranulat streue. Da dieser organische Dünger über eine Zeit von zwei bis drei Monaten seine Nährstoffe freigibt, sind diese genau dann verfügbar, wenn die Blumenzwiebeln sie brauchen: direkt nach der Blüte, wenn sie wieder Kräfte sammeln, um eine neue, blühbare Zwiebel für das Folgejahr anzulegen. Das Ergebnis in meinem Garten sind Sorten wie 'Jacqueline', 'Recreado' und 'White Triumphator', die schon seit zehn bis 15 Jahren wiederkommen.

12 Monate

JANUAR

FEBRUAR

MAI

JUNI

SEPTEMBER

OKTOBER

in meinem Garten

MÄRZ

APRIL

JULI

AUGUST

NOVEMBER

DEZEMBER

Lieblingspflanzen: solche mit Struktur

Allium nigrum

Manche Pflanzen haben eine Art zweites Leben. Sie sind nicht nur schön, wenn sie blühen, sondern haben davor oder danach besondere Eigenschaften, die sie über eine lange Zeit attraktiv machen. Eine dieser Eigenschaften ist die Struktur nach der Blüte: ein deutliches, grafisches Bild, das man auch im Winter gern sieht. Zu meinen Top Ten der Strukturpflanzen zähle ich:

Aconitum carmichaelii 'Arendsii'

Allium nigrum

Calamagrostis acutiflora 'Overdam'

Hakonechloa macra

Hydrangea aspera 'Macrophylla'

Hydrangea macrophylla

Hypericum inodorum 'Elstead'

Lunaria rediviva

Stipa tenuissima

Verbena bonariensis

Aconitum carmichaelii 'Arendsii'

Calamagrostis acutiflora 'Overdam'

Hakonechloa macra

Hydrangea aspera 'Macrophylla'

Hydrangea macrophylla

Hypericum inodorum 'Elstead'

Lunaria rediviva

Stipa tenuissima

Verbena bonariensis

MÄRZ

Auf den März freue ich mich. Offiziell ist der 1. März der erste Tag des meteorologischen Frühlings, aber abgesehen davon: Man fühlt und merkt an allem, dass die Natur tief Luft holt, um im richtigen Moment loszulegen. Ich erinnere mich an Märztage, an denen ich im Schnee stehend vorgetriebene Zwiebeln in Töpfe pflanzte. Das war damals Teil meiner Arbeit im Keukenhof. Dann gab es aber auch Tage, an denen ich bei Frühlingssonne und Temperaturen um die 20 Grad im T-Shirt draußen saß. Das alles war im März – ein Monat voller Überraschungen …

Die Kraft der Natur

Die meiste Gartenarbeit wurde im Februar erledigt. Darum ist der März kein Monat, der besonders viel Arbeit mit sich bringt – abgesehen von dem, was jetzt einfach getan werden muss. Der März eignet sich gut, um über den Stellenwert, den der eigene Garten im Leben hat, zu philosophieren. Als wir 1985 unseren Modellgarten schufen, wollten wir unseren zukünftigen Besuchern zeigen, wie unser idealer Garten aussieht: ein Garten, dessen Schwerpunkt auf der Pflanzenauswahl in verschiedenen Beeten liegt, der diverse Biotope umfasst und in dem alles so natürlich wie möglich ist. Daran habe ich mich weitgehend gehalten. Aber abgesehen davon, dass ein schöner Garten immer viel Freude bereitet, wurde mir im Lauf der Jahre klar, dass er für mich weit mehr ist als eben nur schön. Er ist für mich auch ein Lebenselixier, denn ohne ihn könnte ich nicht leben. Wenn ich im Garten arbeite, habe ich fast Mitleid mit den Besuchern, die mich fragen, ob das nicht alles jede Menge Arbeit bedeutet. Sie verstehen nicht, dass ich daraus unglaublich viel Energie und essenzielle Inspiration für meinen Beruf schöpfe. Der Garten und ich – wir leben in einer Art Symbiose: Ich sorge für ihn und treffe fortlaufend Entscheidungen, die ein Idealbild anstreben. Der Garten reagiert hingegen manchmal überraschend, und das ist dann wieder die Kraft der Natur.

Während ich dieses Buch schreibe und monatlich mehrmals mit meiner Kamera durch den Garten streife, um auf diese Weise so viel wie möglich festzuhalten, merke ich, dass ich den Garten mit anderen Augen betrachte. Wenn man bestimmte Ecken ins Visier nimmt, sieht man Dinge, die man sonst nicht wahrnimmt. Unvollkommenes wird sichtbar, aber genauso schön ist es, wenn das Bild einfach stimmt. Es bleibt ein Lernprozess. Dabei denke ich an den Engländer Edward Flint, Obergärtner auf einem Landgut, der sagte: »Deine Augen sind dein wichtigstes Werkzeug; verwende sie und sei kritisch – halt an, schaue, denke.« Genauso geht es.

Tulipa praestans 'Shogun' im Topf

Minigärten

Nach diesem philosophischen Exkurs muss ich nun aber doch wieder zum praktischen Teil übergehen, denn der Monat März gehört den Minigärten: Töpfe mit Saisonpflanzen und vorgetriebene Zwiebeln. Ich werde schon unruhig, wenn ich die ersten Töpfchen mit Narzissen 'Tête à Tête' im Supermarkt sehe. Sucht man in spezielleren Geschäften und auf Märkten, findet man auch eine große Zahl besonderer Zwiebelblumen im Topf. Ich liebe es, die Frühjahrszwiebeln zusammen mit Vergissmeinnicht, *Bellis*, Stiefmütterchen, Mauerblümchen und kleinen Gehölzen wie *Skimmia* und *Viburnum tinus* in Töpfe zu pflanzen. Manchmal stecke ich auch Zweige von rotem oder gelbem Hartriegel oder der Korkenzieherweide dazwischen. Sie schaffen im Topf etwas Volumen. In dieser noch ziemlich kahlen Phase verschönern solche Töpfe den Garten. Ich stelle sie neben den Eingang, neben eine Bank oder an den Zaun zum Privatgarten: kleine farbige Akzente, die einen großen Effekt haben.

Als ich in den Jahren 2004 bis 2012 für den Keukenhof arbeitete und in den letzten zwei Wochen vor der Eröffnung mithalf, bestimmte Stellen zu verschönern, lernte ich, wie ich mich in den Kombinationen von vorgetriebenen Frühjahrszwiebeln und anderen Frühblühern ausleben konnte. Wir schufen eine Basis aus kleinen Gehölzen,

Kombination verschiedener Traubenhyazinthen mit Stiefmütterchen und Zweigen von Korkenzieherhasel

Ziergräsern und blühenden Frühjahrspflanzen. Dazwischen wurden die getriebenen Zwiebeln gepflanzt und ersetzt, sobald sie verblüht waren. Damit entsteht von Mitte März bis Mitte Mai ein immer attraktiver Topf. Das funktioniert im eigenen Garten natürlich auch. Ende Mai füllt man den gleichen Topf mit Sommerblumen.

Man benötigt dazu nur einen Topf von mindestens 25 Zentimeter Durchmesser und 25 Zentimeter Höhe. In kleineren Töpfen ist das Risiko des Austrocknens hoch, und die Basisbepflanzung entwickelt sich nicht gut. Die Töpfe werden mit einer Mischung aus guter Topferde und scharfem Sand im Verhältnis 4:1 gefüllt. Zum Schluss werden die Pflanzen darin angeordnet, der Boden rundum angedrückt und gegossen. Letzteres muss regelmäßig passieren, denn in Töpfen trocknen die Pflanzen leichter aus als im Gartenboden.

Kombinationen von Frühjahrszwiebeln in Töpfen für den Keukenhof

Zutaten für eine schöne Frühjahrskombination im Topf: weiße Multiflorahyazinthen, weiße Traubenhyazinthen und orange Stiefmütterchen. Die Zweige des roten Hartriegels sorgen für Höhe.

Schneiden und neu pflanzen

Damit ist die Gartenarbeit im März aber noch nicht getan. Es gibt Sträucher, Stauden und Kletterpflanzen, die gepflegt werden wollen, bevor sie in die neue Saison starten. In diesem Monat entferne ich die alten Blüten der Hortensien, schneide Lavendel und *Gaura* weiter zurück und setze die Schere an die Klematis. Beinahe alle Klematispflanzen in unserem Garten halten sich an Bäumen und Sträuchern fest. Deshalb muss man sie, wenn sie wieder treiben, einfach nur in Richtung der nächstliegenden Stützpunkte dirigieren. Dann finden sie ihren Weg in die Zweige von allein. Sie blühen zu verschiedenen Zeiten im Sommer. Im März schneide ich sie alle bis zu den ersten dicken Wuchsknospen zurück, meistens 50 bis 100 Zentimeter über dem Boden. Ausnahme ist eine Pflanze, die Ende Mai mit einer Vielzahl weißer Blüten auftrumpft und sich in die Weißdorne hochgearbeitet hat, die zur gleichen Zeit am Deich blühen. Sie ist so gewaltig gewachsen, dass ich sie nie wieder aus dem Baum herausbekomme, aber sie scheint sich wohlzufühlen, deswegen lasse ich sie einfach klettern. Den Namen habe ich vergessen und hoffe, dass einmal ein Klematiskenner unter meinen Besuchern ist, der sie benennen kann.

Die Klematis hat sich im Weißdorn verfangen.

Die alten Hortensienblüten werden abgeschnitten.

Auch die Bäume, die die verlorenen Schwarzbirken ersetzen sollen, müssen gepflanzt werden. Das geht im März gerade noch. Wir haben uns schlussendlich für zwei Arten entschieden, die im Format etwas besser in den Garten passen als die großen Birken. *Sophora japonica* 'Regent' ist eine Baumart, die eine lichtere Krone hat als Birken. Das schöne Licht möchte ich nämlich nicht gleich wieder verlieren. Mit einer maximalen Höhe von zwölf Metern wird dieser Schnurbaum der neue Blickfang im Beet an der Südseite. Wenn alles gut geht, blüht er in sechs Jahren mit großen Dolden cremeweißer Blüten und ist damit eine gute Bienenweide. Eine zweite Baumart im gleichen Beet ist *Koelreuteria paniculata*, der Blasenbaum. Statt für einen aufrechten

Das Pflanzen neuer Bäume fordert eine gute Vorbereitung und tiefes Graben.

Narzissenmischung auf dem Deich. Da sich die Blumen an einem relativ warmen Ort befinden, blühen sie hier bereits ab Mitte März.

Stamm mit Krone haben wir uns für einen mehrstämmigen, skurril verzweigten Strauch entschieden. Er wird nicht höher als etwa sieben Meter und bildet damit ein Bindeglied zwischen dem »Dach« dieses Beetes und der niedrigeren Bepflanzung. Das Ausgraben der Pflanzlöcher war ganz schön viel Arbeit. Die Wurzeln der Birken waren natürlich überall und das Beet ziemlich lehmig, was das Graben nicht einfacher machte. Problematisch war auch, dass so viele Stauden und Blumenzwiebeln im Beet standen und sich gerade zu zeigen begannen. Die meisten habe ich ausgegraben und wieder eingepflanzt, der Rest erholte sich zum Glück sehr schnell.

Der Garten erwacht

Die Narzisse 'February Gold' und die Mini-Narzisse 'Little Gem' gehören zweifelsfrei in den Februar und stehen einige Wochen in Blüte. Aber dann sehe ich eines Morgens neben den schon erblühten Krokussen die porzellanblauen Blümchen von *Scilla mischtschenkoana* im Beet. Ein paar Tage später entdecke ich *Scilla siberica* an unmöglicher Stelle, am Fuß der Thujahecke, wo es trocken und dunkel ist. Jetzt ist das Erwachen des Gartens nicht mehr aufzuhalten. Je konzentrierter man sich umschaut, desto mehr lässt sich entdecken: *Allium* zeigt Blattspitzen, *Anemone blanda* Knospen, bei Hyazinthen wird das erste Blau der Blüten sichtbar usw. Zu meiner großen Freude sehe ich auch ein kleines Feld mit Blättern der *Tulipa clusiana* am Rand des Gartens, an sonniger, trockener Stelle. Vor Jahren habe ich hier 20 Stück ihrer Blumenzwiebeln gepflanzt, die für reichlich Nachkommen gesorgt haben. Ich frage mich, wann sie wohl blühen, denn normalerweise dauert es sieben bis zehn Jahre, bis aus Tulpensaat neue blühfähige Zwiebeln werden. Auch die Stauden lassen sich nicht verleugnen: Das spitze Blatt der *Crocosmia* zeigt sich überall, und die leuchtenden Büschel der *Milium effusum* 'Aureum' werden jeden Tag größer. Der Anfang

Narcissus 'February Gold'

Mini-Narzisse 'Little Gem'

Scilla mischtschenkoana

Scilla siberica

ist gemacht, es lebe der Frühling … will man denken, aber was für eine Enttäuschung, wenn sich der Wetterhahn plötzlich nach Nordosten dreht und ein kalter Wind weht. Ein Wind, der an einem anfangs hellen Tag dunkle Wolken bringt, aus denen dicke Schneeflocken fallen. Der März zeigt sich von seiner unberechenbaren Seite. Ich bleibe optimistisch, ganz nach dem englischen Sprichwort: »Frühlingszeit ist das Land des Erwachens … Märzwinde sind das Gähnen am Morgen.«

12 Monate

150 EIN JAHR IN MEINEM GARTEN

in meinem Garten

Lieblingspflanzen: himmelblau

Agapanthus hybr. 'Blue Heaven'

So hell und blau wie der Himmel im März sein kann, sieht man ihn selten im übrigen Jahr. Darum ist Himmelblau genau die richtige Farbe für den März, auch weil dann viele Blüten in dieser Farbe aus Blumenzwiebeln erscheinen. Die logische Folge ist eine Liste, die aus Frühjahrszwiebeln und ein paar anderen Pflanzen besteht: Einjährige, Orangeriepflanzen, Zweijährige und Stauden, die alle beeindruckend (himmel-)blau sind:

Agapanthus hybr. 'Blue Heaven'
Anemone blanda 'Blue Shades'
Cichorium intybus
Dianella tasmanica
Hyacinthoides hispanica
Ipomoea tricolor 'Heavenly Blue'
Myosotis sylvatica
Omphalodes nitida
Rhazya orientalis
Salvia uliginosa

Anemone blanda 'Blue Shades'

Cichorium intybus

Dianella tasmanica

Hyacinthoides hispanica

Ipomoea tricolor 'Heavenly Blue'

Myosotis sylvatica

Omphalodes nitida

Rhazya orientalis

Salvia uliginosa

Blumenzwiebelbänder im Keukenhof

In den Jahren, in denen ich für den Keukenhof plante, zwischen 2004 und 2012, arbeitete ich an einer Sache besonders gern: den Blumenbändern. Das war eine Serie von 14 gleich breiten, nebeneinanderliegenden Steifen, jeder 1,60 Meter breit, mit wechselnden Längen und in jedem Jahr mit einer anderen Blumenzwiebelmischung. Dies sollten Beispielrabatten für den öffentlichen Raum sein, die aber auch für private Gärten passen. Zwei dieser Beete zeige ich hier als Beispiel und erläutere sie.

Die Basis bildet immer der früh blühende Strauch *Exochorda* (Radspiere, mit weißen Blüten in den Monaten April und Mai). Der Rest der Beete wird so mit Frühjahrszwiebeln bepflanzt, dass von Anfang der Saison (Ende März) bis Mitte Mai Farbe zu sehen ist. Dies gelingt durch das Pflanzen in zwei Lagen: oben eine Schicht früher Blüher und darunter eine Lage späterer Blüher. Wenn wir Beet 1 als Beispiel nehmen, sind *Puschkinia*, *Chionodoxa*, *Muscari* und zwei Sorten Hyazinthen in der ersten Schicht willkürlich gemischt und Tulpen sowie Narzissen in der untersten Lage. Bei Beet 2 sind *Anemone*, *Muscari* und die Hyazinthen in der oberen Schicht gepflanzt und Tulpen sowie Narzissen in der unteren. In der Praxis bedeutet dies, dass man erst 15 Zentimeter tief die unterste Schicht pflanzt und darauf die obere Lage, ungefähr sieben Zentimeter tief.

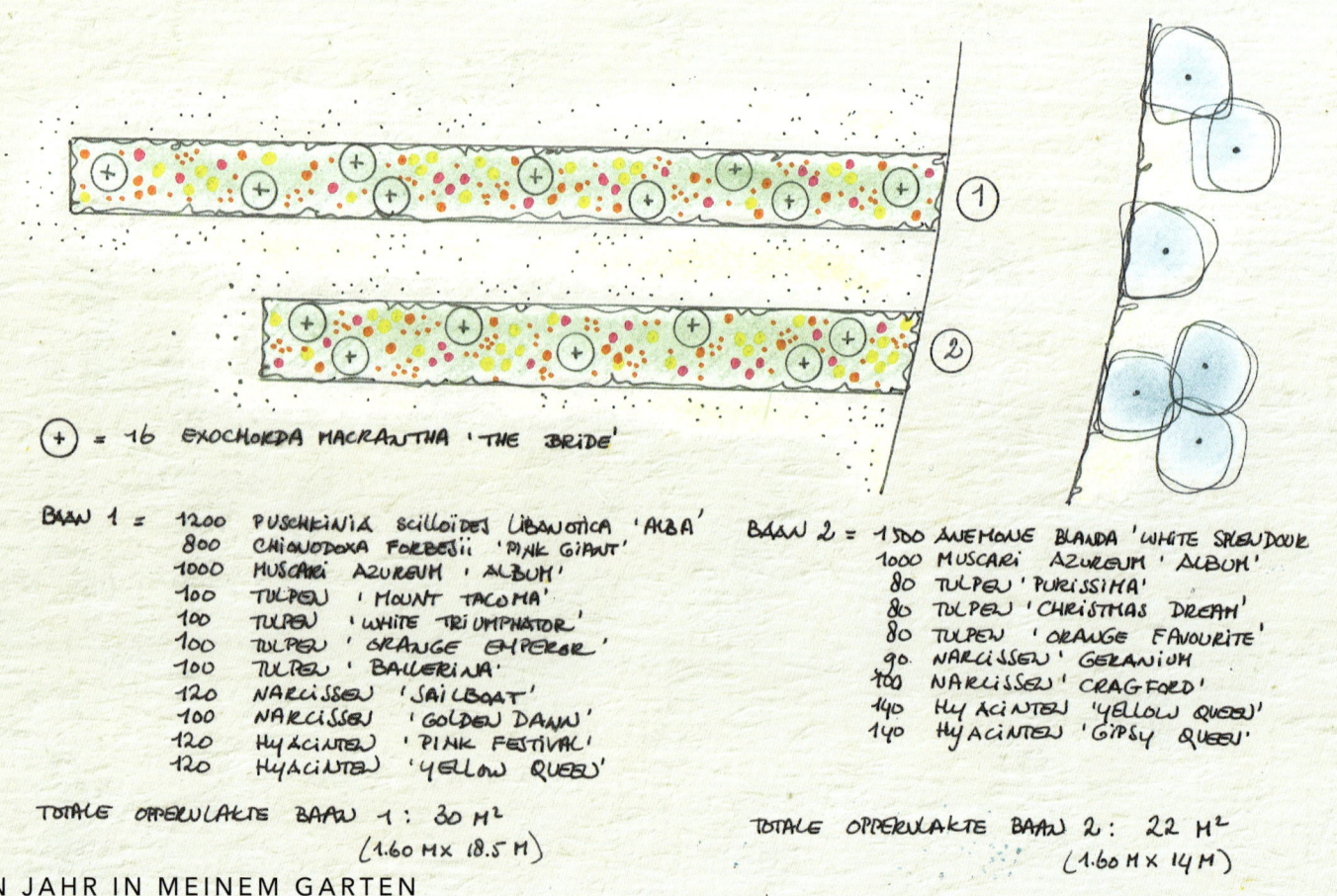

⊕ = 16 EXOCHORDA MACRANTHA 'THE BRIDE'

BAAN 1 =
1200 PUSCHKINIA SCILLOIDES LIBANOTICA 'ALBA'
800 CHIONODOXA FORBESII 'PINK GIANT'
1000 MUSCARI AZUREUM 'ALBUM'
100 TULPEN 'MOUNT TACOMA'
100 TULPEN 'WHITE TRIUMPHATOR'
100 TULPEN 'ORANGE EMPEROR'
100 TULPEN 'BALLERINA'
120 NARCISSEN 'SAILBOAT'
100 NARCISSEN 'GOLDEN DAWN'
120 HYACINTEN 'PINK FESTIVAL'
120 HYACINTEN 'YELLOW QUEEN'

TOTALE OPPERVLAKTE BAAN 1: 30 M² (1.60 M x 18.5 M)

BAAN 2 =
1500 ANEMONE BLANDA 'WHITE SPLENDOUR'
1000 MUSCARI AZUREUM 'ALBUM'
80 TULPEN 'PURISSIMA'
80 TULPEN 'CHRISTMAS DREAM'
80 TULPEN 'ORANGE FAVOURITE'
90 NARCISSEN 'GERANIUM'
100 NARCISSEN 'CRAGFORD'
140 HYACINTEN 'YELLOW QUEEN'
140 HYACINTEN 'GIPSY QUEEN'

TOTALE OPPERVLAKTE BAAN 2: 22 M² (1.60 M x 14 M)

APRIL

Zweifellos ist April der aufregendste aller Monate im Gartenjahr. Das Wachstum der Pflanzen scheint plötzlich in Schwung zu kommen, und die Welle des Fortschritts im März – als die allmähliche Entwicklung im Garten von Tag zu Tag deutlich zu erkennen war – verwandelt sich in einen Strom von täglich neuen Entdeckungen. Nicht nur eine, sondern viele zugleich, bis man das Gefühl hat, dass die Sinne nicht mehr ausreichen, um alles zu erfassen. Der ganze Garten schreit förmlich »Frühling«, und als Folge davon scheint man selbst plötzlich viel mehr Energie zu haben.

Blumenzwiebeln ohne Ende

In dieser frühen Zeit sind es selbstverständlich vor allem Frühjahrsblumenzwiebeln, die den Ton angeben. Da wir in unserem Garten verschiedene Bereiche mit eigenen Biotopen haben, kann ich aus einer großen Anzahl verschiedener Arten wählen, und es gibt fast keine Frühjahrsblumenzwiebel, die nicht in unserem Garten vorkommt. Selbst Hyazinthen, die pompösen, etwas unnatürlich aussehenden Monster, die bei leichtem Schlechtwetter sofort umfallen, haben ein Plätzchen bekommen. Sie stammen noch aus der Zeit, als ich anfing, mit Blumenzwiebeln zu experimentieren. So kam ich zu einer Ecke mit Hyazinthen 'Delft Blue'. Da ich alle Blumenzwiebeln nach der Blüte im Boden lasse, sind diese im Lauf der Jahre graziler geworden. Heute bilden sie stabile kurze Blütendolden, die in der ersten Aprilwoche einen himmlischen Duft verbreiten – sie dürfen bleiben!

Selbst im dunkelsten und nassesten Beet am Fuß des Deiches ist es ein Kommen und Gehen der verschiedenen Sorten, hauptsächlich der Narzissen 'February Silver', 'Jenny', 'Sailboat' und 'Ice Wings', die schon viele Jahre treu wiederkommen, aber auch *Leucojum aestivum* 'Gravetye Giant' (Sommerknotenblume), die sich unter den feuchten Bedingungen wohlfühlt. Über die Pflanzung von *Allium ursinum* (Bärlauch) ärgere ich mich seit Langem. Nette weiße Blüten und frischgrünes Blatt, aus dem man leckeres Pesto machen kann, aber was für eine Wucherkraft! Dazu noch die Eigenschaft, sich überall auszusäen,

Narcissus 'Jenny'

Leucojum aestivum 'Gravetye Giant'

Tulipa 'Orange Princeps', *Tulipa turkestanica* und *Tulipa* 'Lady Jane'

Tulipa 'White Triumphator' und 'Black Hero'

Tulipa 'Jewel of Spring', 'Ballerina' und *Tulipa praestans* 'Shogun'

Tulipa 'Daydream', 'Ballerina' und 'Westpoint'

Die Traubenhyazinthen und Vergissmeinnicht sehen so schön aus, dass ich sie zwischen den Platten nicht entferne.

vor allem dort, wo man es nicht haben will. Ich habe es zu spät begriffen: Diese Pflanze gehört in feuchte Wälder, in denen sie sich ausbreiten kann, aber nicht in einen Privatgarten!

An sonnigen und trockeneren Stellen geben vor allem die Tulpen den Ton an. Sie gehören zu meinen Lieblingszwiebeln, weil sie auffällig und auf elegante Art anwesend sind. Es gibt so viele verschiedene Blütenformen und -farben, Höhen und Blütezeiten, dass ich immer noch neue finde, um interessante Kombinationen zu schaffen. Ich verwende sie zwar nicht in meinem eigenen Garten, denn die meisten von ihnen bleiben jahrelang, aber in vielen anderen Projekten. Wenn in meinem Garten eine verschwindet, bin ich darüber nicht traurig, sondern sehe es als Chance für Neues. An der wärmsten und hellsten Stelle steht eine Kombination von gelben, orangefarbenen und zu Rot neigenden Sorten, die seit Jahren gedeihen. Die Basis bilden 'Apricot Beauty', 'Ballerina' und *whittallii* (eine niedrige botanische Art) in Orangetönen, 'West Point' und 'Flashback' (gelb), 'Daydream' (verändert sich von hellgelb zu orange) und für den dunkleren

Tulipa 'Jacqueline' und 'Mariette'

Tulipa 'Spring Green', 'Westpoint' und 'Ballerina'

Tulpen müssen am Ende der Saison abgeschnitten werden. So halten sie ihre Kraft für die Blüte im nächsten Jahr.

Akzent 'Request' (braunrot) und 'Recreado' (braunlila). 'Request' kam als Letzte dazu und muss sich noch bewähren, aber sie verfeinert die Kombination zweifellos.

Im benachbarten Rundbeet dominieren rosa Töne, am Rand spielen die zwei lilienblütigen Tulpen 'Jacqueline' (nicht nach mir benannt!) und 'Mariette' die Hauptrolle. Sie sind sich ziemlich ähnlich, aber unterscheiden sich in der Höhe: 'Jacqueline' wird bis zu 60 Zentimeter hoch, 'Mariette' nur 45 Zentimeter; der Höhenunterschied lockert das Beet auf. Einmal erschien in diesem rosa Rand eine stattliche hellrote

Tulpe mit großer, becherförmiger Blüte. Wahrscheinlich hatte ich im vergangenen Herbst eine Zwiebel im Garten gefunden, sie für eine 'Jacqueline' oder 'Mariette' gehalten und in das Rundbeet gepflanzt. Der Fremdling sah gar nicht schlecht aus, zog aber viel Aufmerksamkeit auf sich. Es half nur, die Tulpe abzuschneiden. Zu meinem Erstaunen erschienen im darauffolgenden Frühjahr gleich zwei der roten Tulpen. Grrrr, wer gewinnt diesen Kampf? Im Frühjahr versuchte ich den Eindringling auszugraben. Das war aber gar nicht so einfach, denn im selben Beet befand sich ein Papiermaulbeerbaum mit Oberflächenwurzeln. Mit Spannung wartete ich auf das folgende Frühjahr. Überraschenderweise entwickelte sich nun ein kleines Sträußchen roter Tulpen, also habe ich aufgegeben. Wenn es mich sehr stört, pflücke ich die Blumen für die Vase, sonst lasse ich sie stehen.

Während man viele andere Frühjahrsblumenzwiebeln bei ihrem Prozess vom Kommen und Gehen einfach in Ruhe lassen kann, braucht die Tulpe etwas Pflege. Das gilt übrigens nicht für die botanischen Tulpen, die sich selbst genug sind, aber für die langstieligen, kultivierten Sorten. Die Pflege besteht dann aus dem »Köpfen« der Blumen: Am Ende der Blütezeit, wenn sich die Blütenblätter abends nicht mehr schließen, muss die Blüte so weit oben wie möglich abgeschnitten werden. Stängel und Blätter bleiben stehen, denn sie sollten so viel Licht wie möglich bekommen, um den Prozess der Fotosynthese in Gang zu halten: Unter dem Einfluss von Licht wird Kohlendioxid in der Pflanze in Zucker verwandelt, der wiederum Nahrung für die neue Zwiebel im Folgejahr liefert.

Blumenzwiebelfest

Nachdem ich jahrelang Zwiebeln gepflanzt hatte und sich das Gefühl eingestellt hatte, mehr geht nicht, zeigte sich der Garten vor ungefähr zehn Jahren im April so prächtig, dass ich beschloss, ein spezielles Blumenzwiebelwochenende zu organisieren. So entstand unser Blumenzwiebelfest, zu dem heute viele Gartenliebhaber und Gartenclubs

Wenn die Blüten abends offen bleiben, wird es Zeit zum »Köpfen«.

Tulipa 'Jacqueline' und 'Mariette' als Farbakzente im Grünen

Tulipa 'Yellow Purisima', 'Jewel of Spring', 'White Triumphator' und 'Aladdin'

aus dem In- und Ausland kommen. Am dritten Wochenende im April steht der Garten an drei aufeinanderfolgenden Tagen im Mittelpunkt. Alles dreht sich um Blumenzwiebeln und ihre Kombinationen, auch mit frühen Stauden. Damit die Besucher etwas von dieser Atmosphäre mit nach Hause nehmen können, gibt es einen kleinen Markt, auf dem in Töpfe gepflanzte Blumenzwiebeln, besondere Stauden und Zweijährige verkauft werden.

Die Organisation eines solchen Wochenendes bereitet mir viel Freude, aber das Wetter ist immer ein Risiko. Meistens geht es gut, doch vor ein paar Jahren hatten wir ein so kaltes Frühjahr, dass am dritten Wochenende im April noch kaum etwas zu sehen war. Die Narzissen 'February Gold' und 'W. P. Milner' blühten, und die ersten *Scilla* zeigten sich zögerlich, aber das war es dann auch. Von Tulpen noch keine Spur! Vor allem für die weit gereisten Besucher war das sehr enttäuschend. Drei Tage lang habe ich erklärt, dass sich die Natur nicht zwingen lässt. Glücklicherweise hatte man dafür Verständnis. Es war auch noch eiskalt und kein Vergnügen, draußen zu sein. Das einzig Angenehme war die Wärme des Holzofens im Teehaus. Ein Jahr später präsentierte sich dann das Frühjahr extrem warm, und alles stand gleichzeitig in prächtiger Blüte. Auch das ist möglich.

Blumenzwiebeln pflanzen im Keukenhof

Der Keukenhof steht in jedem Frühjahr auf meiner Besuchsliste. Nicht weil ich die Anlage so spektakulär finde, sondern weil man an diesem Ort gut neue Sorten und Kultivare entdecken kann. Und nach all den Jahren bin ich dem Ort auch emotional verbunden. 2003 wurde ich gebeten, einen Teil des Parks zu renovieren. Es ging um einen der ältesten Teile, den sogenannten kleinen Wald. Er war im Lauf von gut 50 Jahren sehr dicht gewachsen und brauchte eine kreative Erneuerung. Der damalige Direktor Jan Willem Wessel hatte einen progressiven Blick und die Idee, den Keukenhof doch einmal von einer ganz anderen Seite zu zeigen: Neben der recht konservativen Gestaltung des Hauptteils des Parks, in dem sich alles um Blumenzwiebeln und wenig anderes dreht, wollte er einen Ort schaffen, an dem die Besucher sehen können, was sie in ihrem eigenen Garten mit Blumenzwiebeln in Kombination mit anderen Pflanzen erreichen können. Dafür wurde der ehemalige »kleine Wald« ausgewählt. Man fragte mich an, und ich freute mich sehr über diesen Jahrhundertauftrag!

Tulpenbänder, die für den Keukenhof entworfen wurden

Hochzeitsweg, entworfen für den Keukenhof, mit einer Basisbepflanzung von *Ajuga reptans* 'Catlin's Giant', *Brunnera macrophylla* 'Variegata' und *Omphalodes verna* in Kombination mit *Tulipa* 'Purissima', *Tulipa* 'Apricot Beauty', *Tulipa* 'Apricot Impression' und *Narcissus* 'Sailboat'.

Die Stichwörter für die neue Anlage waren Innovation und Inspiration. Mit diesen Begriffen in meinem Kopf legte ich los und begann mit der Planung. Der neue Entwurf enthielt alle möglichen Elemente, die nicht nur privaten Besuchern, sondern auch den Menschen, die in öffentlichen Grünanlagen arbeiten, neue Anregungen geben sollten. Ich kreierte ein Zusammenspiel von Sträuchern, Stauden, Zweijährigen und Frühjahrszwiebeln, das in sieben Inspirationsgärten angewandt wurde. Des Weiteren entwarf ich ein Feld mit Blumenbändern, einen Hochzeitsweg, eine Frühlingswiese und eine Ecke mit Veilchenhügeln, in der ich ein breites Sortiment an Frühjahrsveilchen mit Zwiebelblumen kombinierte. Das Schönste an diesem Projekt war, dass es für mich nach der Planung nicht beendet war, sondern ich mich weiter intensiv mit der Anlage und der Bepflanzung dieses 2,5 Hektar großen Feldes befassen konnte. Im März 2005 wurde der neue Teil offiziell von Prinzessin Margriet der Niederlande eröffnet, und ich durfte mit ihr durch den Park spazieren.

Im selben Frühjahr war ich mindestens zweimal pro Woche vor Ort, um zu sehen, wie sich alles entwickelte, und auch, um die Reaktionen der Besucher zu erleben. Diese waren, gelinde gesagt, geteilt: Der älteren Garde, die den Keukenhof für seine strengen Beete schätzte, in denen rote Tulpen neben gelben Narzissen und blauen Hyazinthen um Aufmerksamkeit wetteiferten, gefiel es nicht. Ihnen war es ein zu großes Durcheinander mit zu vielen Pflanzen und Farben. Vor allem den Jüngeren gefiel es aber sehr gut. Sie entdeckten für sich neue Ideen in den Inspirationsgärten und sahen mit eigenen Augen, wie einfach es ist, schon in nur einem Topf eine harmonische Frühjahrsbepflanzung zusammenzustellen.

Glücklicherweise wurde in den folgenden Jahren die Anhängerschaft stets größer, und der Keukenhof erhielt von allen Seiten Komplimente für den neuen Ansatz. Im Frühjahr 2011 endete dieses Idyll allerdings, und mit einem neuen Direktor kam das alte Dogma wieder zurück: Der Keukenhof hat die Aufgabe, Blumenzwiebeln zu präsentieren, und alles andere gilt nun wieder als unnötiger Ballast. Das ist wirklich sehr schade.

Blumenzwiebeln im Nachbarland

Eines der ersten großen Blumenzwiebelprojekte, an dem ich im Ausland, in diesem Fall in Deutschland, teilnahm, war im Jahr 2000 ein Projekt auf der Expo in Hannover. Ich hatte einen Garten rund um den Niederländischen Pavillon geplant: ein Meer aus Stauden, Einjährigen und Sommerblumenzwiebeln, das das später viel gerühmte Gebäude, die »Gestapelten Landschaften« des Architekturbüros MVRDV,

Entwürfe für die Frühjahrsbepflanzung von Schloss Ippenburg, in denen Blumenzwiebeln eine große Rolle spielen

wie eine große Blumenwiese umgab. Von Ende Mai bis Oktober wechselten Farben sowie Höhen ständig und beeindruckten die Besucher. Unter ihnen war auch Viktoria Freifrau von dem Bussche, Eigentümerin des Schlosses Ippenburg in Bad Essen bei Osnabrück. Sie lud mich in ihren Garten, einen Park von mehreren Hektar Fäche, ein. Seit 2002 habe ich dort immer wieder gearbeitet, hauptsächlich mit Frühjahrsblumenzwiebeln, aber manchmal auch mit Stauden und Einjährigen. Der Höhepunkt war die Wahl Bad Essens zum Austragungsort der Landesgartenschau 2010. Die Freifrau packte die Gelegenheit beim Schopf, und ich erhielt den Auftrag, mir an vielen Stellen im Park eine neue Bepflanzung auszudenken. Eine Landesgartenschau läuft von April bis Oktober, es ging also um Stauden, viele Frühjahrsblumenzwiebeln, einjährige Sommerblumen und Sommerblumenzwiebeln. 2009 wurden die Pläne entworfen, im November pflanzte ich gemeinsam mit Freundinnen, und dann erst wieder im Mai, um die Frühjahrszwiebeln durch Sommerzwiebeln und Einjährige zu ersetzen. Es machte wirklich Spaß, alles blühte prächtig und strahlte im Überfluss.

Früh blühende Stauden

Wenn im März und April die Hohen Schlüsselblumen *(Primula elatior)* in Blüte kommen und ihr helles Gelb über den Garten legen, scheint es, als wären sie die Einzigen. Aber das stimmt nicht, denn wenn man genau hinschaut, sieht man noch mehr gelbe und gelb-grüne Töne sowie auch weiße und hellblaue. Die Pflanze, die im April zweifellos die größte Bewunderung erntet, ist *Cardamine heptaphylla*, die Fieder-Zahnwurz, mit weißen Blüten und eingeschnittenem Blatt.

Das gelbe Frühjahrsbeet mit Tulpen und Primeln

Die Fieder-Zahnwurz *(Cardamine heptaphylla)*

Die Blütenknospen der Felsenbirne
(*Amelanchier lamarckii*)

Vor vielen Jahren sah ich sie in einem englischen Waldgarten, und da war es um mich geschehen. Eine Pflanze brachte ich nach Weesp. Sie brauchte etwas Zeit, um Fuß zu fassen. Aber inzwischen habe ich sie schon geteilt, und sie steht jetzt an verschiedenen Stellen prächtig im Schatten. Diese Pflanze ähnelt der Blüte der *Lunaria rediviva*, der Mondviole, die etwas später blüht, etwas höher wächst und ein ganz anderes, herzförmiges Blatt hat.

Nach der Blüte bilden sich Samenstände, die sich später im Jahr, wenn die Samen ausgefallen sind, in silberweiße »Münzen« verändern. Diese bleiben den ganzen Winter über schön. Die Pflanze eignet sich gut für dunklere Ecken, aber sie breitet sich recht kräftig aus und bildet Keimlinge mit einer so starken Pfahlwurzel, dass es fast unmöglich ist, sie wieder loszuwerden.

Grüngelb zeigen sich im April vor allem die Euphorbien: *Euphorbia amygdaloides robbiae*, *Euphorbia characias wulfenii*, *Euphorbia polychroma* und *Euphorbia griffithii* 'Fire Glow' mit orangefarbenen Blüten. Dazu noch *Milium effusum* 'Aureum', das nun sein helles Blatt präsentiert. Zartblau zeigen sich die kleinen Blüten der verschiedenen *Brunnera*-Arten: *Brunnera macrophylla* sowie die graublättrigen Kultivare 'Jack Frost' und 'Sea Heart', die fast identisch sind. 'Sea Heart' soll stärker und wüchsiger sein.

Auch die Mauerblümchen sieht man jetzt in diversen Tönen von Gelb, Orange und Braunrot. Ich habe verschiedene Arten, darunter *Erisymum* 'Red Jep' und 'Covent Garden', die gut gedeihen und an den wärmsten, hellsten Stellen für zahllose Sämlinge sorgen.

12 Monate

JANUAR

FEBRUAR

MAI

JUNI

SEPTEMBER

OKTOBER

174 EIN JAHR IN MEINEM GARTEN

in meinem Garten

Lieblingspflanzen: gelb

Rosa 'Golden Wings'

In vielen Gärten ist Gelb ein absolutes No-Go. Ich kenne nur wenige Leute, denen diese Farbe gefällt. Komisch, denn es gibt so viele verschiedene Gelbtöne, dass für jeden Geschmack etwas dabei sein könnte. Ich mag Gelb sehr; es ist eine so fröhliche Farbe, und sie kommt vor allem im Frühjahr vor. Gelb mit Cremeweiß, Gelb mit Orange oder auch Gelb mit Grüntönen ergibt harmonische Kombinationen. In meinem Garten steht der April im Zeichen von Gelb, in vielen Nuancen und kombiniert mit frischem Grün. Mühelos kann ich eine lange Liste mit gelb blühenden Pflanzen anfertigen, aber ich beschränke mich auf diese zehn:

Aquilegia chrysantha 'Yellow Queen'
Coreopsis verticillata 'Moonbeam'
Crocus chrysanthus 'Cream Beauty'
Kirengeshoma palmata
Narcissus 'Swallow'
Primula elatior
Rosa 'Golden Wings'
Saruma henryi
Smyrnium perfoliatum
Solidaster luteus

Aquilegia chrysantha 'Yellow Queen'

Coreopsis verticillata 'Moonbeam'

Crocus chrysanthus 'Cream Beauty'

Kirengeshoma palmata

Narcissus 'Swallow'

Primula elatior

Saruma henryi

Smyrnium perfoliatum

Solidaster luteus

MAI

Mai ist der Monat der großen Versprechungen und Aussichten auf eine lange Gartensaison. Mai ist aber auch der Monat, in dem viel passieren muss, wenn die Saison mit aufeinanderfolgenden Blüten bis in den Herbst hinein vielseitig werden soll. Jetzt müssen Sommerzwiebeln und einjährige Sommerblumen gepflanzt werden. Gut, dass die Tage in diesem Monat lang sind, mit hellem Licht und angenehmen Temperaturen. Darum ist es auch keine Strafe, den Schreibtisch zu verlassen und die Aufmerksamkeit auf den Garten zu richten.

Jetzt geht es richtig los!

Ganz oben auf der Liste steht das Schneiden von Hecken und anderen Gehölzen. Dies muss in der Wuchszeit (etwa zwischen Anfang April und Ende September) passieren, weil sich dann Schnittwunden schneller schließen. Die Buchse sind die Ersten. Am besten wählt man bewölkte Tage, da die frischen Schnittränder der Blättchen schnell verbrennen. Dann folgen die aus der Form geratenen Ligusterhecken. Es ist schöner, wenn sie einen strengen Hintergrund für das üppige Frühjahrsgrün bilden, das sich jetzt in den Beeten entwickelt. Vier- bis fünfmal müssen sie in der Wuchssaison geschnitten werden, eine Arbeit, die mir Spaß macht.

Die Hecken der Buchen und Hainbuchen wachsen nicht so schnell und werden zwei- bis dreimal pro Jahr beigeschnitten. Die letzte Schnittrunde plane ich gegen Ende September. Danach entwickeln die Hecken kaum noch Triebe und gehen mit schöner, strenger Form in den Winter. Auch die Schirmweißdorne bekommen zwei- bis dreimal pro Jahr einen Schnitt verpasst. Das kann bis Juni warten, aber dann muss es passieren. Sonst werden sie zu chaotisch und stören das gewünschte Bild, in dem sich strenge Schnittformen und voluminöse, elegante Bepflanzungen abwechseln.

Übergangsmonat

Im Mai setzen die Frühjahrszwiebeln zu ihrem großen Finale an, und die späten Tulpen, Narzissen, *Camassia* und einige besondere Arten wie *Scilla litardierei* zeigen sich noch von ihrer besten Seite. Späte und lange Blüher unter den Tulpen sind 'Burgundy Lace' (rot), 'Flaming Parrot' (gelb mit rot) und 'Maureen' (weiß). Letztere blüht bis in den Juni und ist wie die beiden anderen eine zuverlässige Kandidatin für die Mehrjahresblüte. Zu den späten Frühjahrszwiebeln gehört auch der Zierlauch *(Allium)*: In diesem Monat liegt es hauptsächlich an ihm, einen Farbtupfer zu setzen. Nacheinander erscheinen *Allium zebdanense*, *Allium nigrum*, *Allium roseum*, *Allium christophii*, *Allium* 'Beau Regard' und *Allium* 'Violet Beauty', das

Camassia leichtlinii 'Caerulea'

Scilla litardierei

Tulipa 'Maureen'

Allium 'Beau Regard'

Allium 'Violet Beauty'

Camassia leichtlinii 'Alba'

Allium nigrum

Allium roseum

Allium ursinum

Allium zebdanense

Knospe von *Nectaroscordum siculum*

Blüte von *Nectaroscordum siculum*

Die blaue Akelei *(Aquilegia vulgaris)*

Schlusslicht bildet der Sizilianische Honiglauch *(Nectaroscordum siculum)*, der eigentlich auch zur *Allium*-Familie gehört. Charakteristisch während der Blüte sind seine grünlich rosa Sternchen, die wie ein Feuerwerk auseinanderfallen. Auch nach der Blüte ist er auffallend: Dann richten sich die Blütenstiele auf und tragen ihre Samenstände wie kleine spitze Hütchen.

Der Rest des Gartens legt währenddessen eine Verschnaufpause ein. Überall zeigt sich frisches Grün, und die Stauden bereiten sich auf den Sommer vor. Noch ist von üppiger Blüte keine Rede, nur Pfingstrosen, Mohn und Akeleien sind schon da. Aber auch *Geum* in Orange und

Kombination von drei Arten *Allium*: 'Beau Regard', 'Violet Beauty' und *Allium atropurpureum* unter *Viburnum plicatum* 'Watanabe'

Der »Chelsea Chop«, angewendet bei *Campanula lactiflora* 'Loddon Anna'

hellem Rot sowie daneben, etwas bescheidener, die frühen Sorten *Geranium sylvaticum* 'Mayflower' und 'Album'. Diese beiden schneide ich nach der Blüte zurück, um eine zweite Blühperiode anzuregen.

Mai ist außerdem der Monat der »Chelsea Chop«-Methode, bei der die Stauden auf etwa die Hälfte der Triebe zurückgeschnitten werden. Das tut weh, aber es bekommt den Pflanzen sehr gut, sie werden kompakter, buschiger und fester. Zwar gibt es allerlei Möglichkeiten, die Pflanzen zu stützen, wie durch die Verwendung von Reisern, metallenen Pflanzenstützen oder Netzen aus Kunststoff, meiner Erfahrung nach sieht man aber immer etwas davon, und das stört das schöne Gesamtbild.

Nicht alle Pflanzen vertragen diesen Schnitt, aber für Phloxe, hohe *Campanula lactiflora* 'Loddon Anna', Astern, *Coreopsis tripteris*, *Kalimeris incisa* und *Artemisia pontica* ist er ein Gewinn. Man kann entweder die ganze Pflanze auf einmal zurückschneiden oder zuerst nur ein Drittel oder die Hälfte der Stängel und den Rest später. Hierfür spricht, dass die Pflanze dann zu verschiedenen Zeiten blüht. Ich schneide *Campanula lactiflora* 'Loddon Anna' mehrmals zurück. So blühen die ersten Stängel im Juni, die letzten im August. Der Name »Chelsea Chop« kommt übrigens daher, dass der beste Zeitpunkt dafür die letzte Maiwoche ist, in der auch die Chelsea Flower Show stattfindet.

Topf mit Sommerbepflanzung, bestehend aus der weißen *Bidens ferulifolia* 'Bellamy White', der silberblättrigen *Helichrysum petiolare* 'Silver' und der roten *Salvia* 'Wendy's Wish'

Einjährige und Sommerblumenzwiebeln

In meinem Kalender muss ich im Mai immer einige Tage für den Garten frei halten. Schließlich gilt es, neben dem Schnitt der Gehölze auch Sommerblumenzwiebeln und Einjährige zu pflanzen. Nach den Eisheiligen, 11. bis 15. Mai, ist die Gefahr von Nachtfrösten vorbei, und frostempfindliche Pflanzen können endlich in den Boden. Unser Garten ist mittlerweile so übervoll, dass für Einjährige kaum mehr Platz ist. Auch der etwas fette Lehmboden erweist sich nicht gerade als ideal, um diesen Pflanzen einen guten Start zu bieten. Darum setze ich sie gern in Töpfe. Die Blüte der Blumenzwiebeln in Töpfen geht etwa Mitte Mai zu Ende. Danach werfe ich die Zwiebeln auf den Kompost. Lässt man sie bis zum nächsten Frühjahr in den Gefäßen, führt das nur selten zu neuer Blüte. Mit Traubenhyazinthen und einigen Narzissen kann es gelingen, aber ich bepflanze meine Töpfe eigentlich jedes Jahr neu – jetzt mit Sommerblumen.

Ich befülle die Gefäße mit neuer, gedüngter Gartenerde, die ich für eine bessere Drainage mit etwas scharfem Sand gemischt habe. Dann setze ich für einen farbenfrohen Sommer die neuen Pflänzchen ein. Damit die Pflanzen während dieser einen Saison ihr Bestes geben, brauchen sie allerdings gute Nahrung. In den ersten Wochen bekommen sie diese noch aus der Gartenerde, danach benötigen sie unsere Hilfe. Erreicht ihre Blüte den Höhepunkt, benötigen sie jede Woche einen speziellen Sommerblumendünger. Er sorgt dafür, dass die Pflanzen bis zum Ende des Sommers eine gute Kondition haben.

Wenn die Pflänzchen noch klein sind und noch viel kahle Erde zu sehen ist, bedecke ich den Boden mit Gras. Das kann man auch im Beet machen, wenn die Abstände zwischen den Pflanzen zu groß sind. Das Gras sorgt dafür, dass die Erde darunter feucht bleibt, und verhindert, dass sich herangewehtes Unkraut niederlässt. Diese Methode heißt Mulchen. Die einzigen Einjährigen, die sich bei uns im Boden gut entwickeln und nach milden Wintern wiederkommen, sind *Salvia*

Frühsommer im Garten mit Akelei, Gelbdolde und der spät blühenden weißen *Camassia*

uliginosa mit himmelblauen Blüten, die Bienen mögen, *Gaura lindheimeri* mit weißen, schmetterlingsartigen Blüten bis in den November hinein sowie *Verbena rigida* 'Venosa' mit dunkellila Blüten. Mit etwas Glück erscheinen sie jedes Frühjahr wieder, sodass sie eigentlich eher wie Stauden sind.

Salvia uliginosa

Gaura lindheimeri 'Whirling Butterflies'

Dahlia 'Giraffe'

Lilium 'Sheherazade'

Lilium 'African Queen'

Lilium 'Casa Blanca'

Neben den einjährigen Sommerblumen gibt es auch eine große Gruppe Sommerblumenzwiebeln: Das sind Zwiebelgewächse, die ursprünglich aus subtropischen sowie tropischen Gebieten stammen und prächtig blühen, aber keine Temperaturen unter null vertragen. Sie müssen jedes Jahr neu gepflanzt werden. Die bekanntesten Sommerzwiebeln sind Dahlien, Begonien und Lilien. Ich mag vor allem Dahlien, weil sie monatelang Farbe bringen. Außerdem gibt es so viele verschiedene, dass für jeden Garten etwas Passendes dabei ist. Zu meiner großen Enttäuschung habe ich in meinem eigenen Garten aber kein Glück mit den Dahlien: Sie werden von den Schnecken einfach radikal aufgefressen. Nach vielen Versuchen mit Schneckenkorn und Kaffeesatz habe ich es aufgegeben.

Auch Lilien gedeihen nicht, sie werden von den Lilienhähnchen, einem Käfer, vernichtet. Scheinbar hat man mit ihnen an windigeren Stellen weniger Probleme, aber unser Garten liegt sehr geschützt.

Keine Chance. Die einzigen zwei Arten, die mal mehr, mal weniger gut gedeihen, sind *Lilium* × *testaceum* und *Lilium martagon*. Das ist zwar nur ein schwacher Trost, aber ich freue mich an dem, was ich habe. Meine liebsten Sommerblumenzwiebeln verwende ich also eher in anderen Projekten, dort übernehmen sie dann aber oft die Hauptrolle. Über ein gigantisches Beet Einjähriger in Disneyland Paris werde ich später mehr erzählen.

Meine Favoriten sind:

Cosmos atrosanguineus

Gladiolus callianthus murielae (= Acidanthera bicolor)

Lilium 'Orange Electric'

Lilium tigrinum 'Splendens'

Dahlia 'Cathérine Deneuve'

Dahlia 'Honka White'

Dahlia 'Karma Lagoon'

Dahlia 'Happy Single Wink'

Ornithogalum saundersiae

Triteleia laxa 'Ruby'

Offiziell gehört *Crocosmia (Montbretia)* zu den Sommerzwiebeln, wenngleich diese Art Temperaturen unter null aushält. Einmal Fuß gefasst, verhält sich *Crocosmia* wie eine Staude. Auf unserem Boden gedeiht sie fast zu gut und wächst explosiv. Vor Jahren habe ich Zwiebeln verschiedener Varietäten gepflanzt, unter anderem 'Lucifer', 'George Davison' und 'Fire King'. Viele davon habe ich in der Zwischenzeit wieder herausgerissen, denn sie überwuchern ohne Pardon alle anderen Pflanzen und produzieren dicke Klumpen neuer Zwiebeln. Jetzt habe ich sie im Griff und schreite ein, bevor sie überhandnehmen. Mit ihrem zierlichen Blatt und der langen Blüte, manchmal gefolgt von auffallenden Samenständen, spielen sie im Sommerbeet eine wichtige Rolle.

Was zu meinem Erstaunen auch seit Jahren wiederkommt, ist *Cosmos atrosanguineus*, die Schokoladenblume, ein weiteres sommerblühendes Zwiebelgewächs. Sie lässt lange auf sich warten, aber sobald sie blüht, ist sie wunderschön. Die einzige Sommerzwiebel, die ich jedes Jahr sowohl in den Boden als auch in Töpfe pflanze, ist *Acidanthera murielae*, die Abessinische Gladiole. Grund dafür sind ihre prächtigen Blüten und der überwältigende Duft. Ich pflanze ihre Zwiebeln in Intervallen zwischen Mitte Mai und Ende Juni, damit ihre Blüte im Herbst so lang wie möglich andauert.

Acidanthera murielae

Viel mehr Glück mit einjährigen Sommerblumen und -zwiebeln hatte ich bei Projekten an verschiedenen Orten in den Niederlanden. Beim Huis Akerendam in Beverwijk fand 2012 einer Sommerausstellung statt, und ich durfte den Teil »Beete des 20. und 21. Jahrhunderts« mit saisonaler Bepflanzung realisieren. Dahinter lagen mitten im Rasen zu beiden Seiten Beete von Piet Oudolf. Deshalb wählte ich Farben, die mit diesen Beeten korrespondierten. Lila, Rosa, Dunkelrot und etwas Weiß sorgten den ganzen Sommer über für ein buntes Blütenmeer. Ein zweiter Ort war das Niederländische Freilichtmuseum in

Sommerbeete beim Huis Akerendam in Beverwijk

Frühjahrs- und Sommerbeete im Freilichtmuseum Arnheim

Arnheim, wo direkt am Eingang ein großes, sichelförmiges Beet mit Sommerbepflanzung entstehen sollte. Im Hintergrund lag eine große, sandfarbene Lagerhalle mit dunkelbraunen Holztüren, die das Farbschema des Beetes bestimmten: viel Rot und Orange mit Akzenten von Dunkelbraun und Himmelblau, verteilt auf grünem Untergrund. Das Ergebnis verdeutlicht, wie wichtig es ist, die Umgebung in die Farbwahl der Bepflanzung miteinzubeziehen. Der Hintergrund und die eigentliche Bepflanzung sind keine separaten Elemente, sondern bilden eine Einheit.

Im Mai 2017 fingen wir mit dem Anlegen der riesigen Sommerbeete in Disneyland Paris an.

Das dritte Projekt war ein eigenständiges Beet in Form eines Schneckenhauses, mitten in einer Anlage aus den 1970er-Jahren, umgeben von hohen Häusern, am Jan Evertsenplaats im Herzen von Rotterdam. Mit Grün zu allen Seiten war ich an keine bestimmten Farben gebunden. Hier bestand die Kunst darin, für einen möglichst langen Zeitraum möglichst viel Farbe und Struktur zu schaffen. Was zunächst für ein Jahr angesetzt war, wurde zu einem Projekt, das 2017 dank der begeisterten Anwohner und Passanten seine fünfte Saison erlebte. Die ursprünglichen einjährigen Pflanzen aus der ersten Saison wurden größtenteils durch Stauden ersetzt, nur hier und da kommen noch Einjährige durch, die offenbar sehr stark sind: neben *Salvia uliginosa* und *Gaura* ebenso die so zart scheinende *Nicotiana langsdorffii* 'Tinkerbell'.

Auch im Ausland ist meine Expertise zu Einjährigen gelegentlich gefragt, so im Dezember 2016 in Disneyland Paris. Ich sollte mir die Artenauswahl für ein 2000 Quadratmeter großes Beet ansehen. Anlass war die Eröffnung eines neuen, luxuriösen Hotels innerhalb von Disneyland, dessen Eingang schon im Sommer 2017 perfekt aussehen sollte. In so kurzer Zeit lässt sich nur mit Einjährigen und Sommerzwiebeln ein gutes Ergebnis erzielen, das war mir klar. Der Entwurf des Beetes kam von den Disneyland-Landschaftsarchitekten. Er bestand aus elf ineinander übergehenden Farbflächen, was bedeutete, dass auch elf verschiedene Bepflanzungspläne erstellt werden mussten. Die Ausführung erfolgte in den letzten Maitagen 2017: Tausende Einjährige und größtenteils vorgetriebene Sommerknollen von *Dahlia* und *Canna* wurden so ausgelegt, dass die Gartentruppe von Disneyland sie pflanzen konnte. Es war sehr warm, und die Helfer gaben unter meiner Anleitung ihr Bestes. Ein paar Tage später waren alle Pflanzen an der richtigen Stelle. Im August kam ich wieder, um mir das Ergebnis anzusehen. Es war ein festliches Blütenmeer, das bis weit in den Oktober hinein durchblühte und viel Wertschätzung erfuhr.

Die riesigen Knospen von *Magnolia obovata*

Blühmonat Mai

Neben dem Weißdorn blühen im Mai auch die Mahagoni-Kirsche, *Prunus serrula*, ein Baum mit glänzend rotbrauner Rinde, und unsere mehrstämmige *Magnolia obovata*. Die Blüte von *Prunus* ist eher unauffällig. Dass der Baum blüht, sieht man meist erst, wenn auf der Wasseroberfläche des Teiches ein Schleier aus weißen Blütenblättern liegt. Auch für die Blüten der Magnolie muss man genauer hinschauen, denn sie sitzen oft versteckt zwischen den großen, elliptischen Blättern. Erst wenn sich die Blüten öffnen, bekommen sie mehr Volumen und werden auffälliger. Unsere Magnolie wird häufig gar nicht als Magnolie erkannt, weil ihr Blatt so anders ist: gut 45 Zentimeter lang und bis zu 15 Zentimeter breit. Netter Nebeneffekt: Man kann das Blatt trocknen und darin, wie bei Weinblättern, Fisch, Fleisch oder Gemüse einwickeln, bevor man es auf den Grill legt. Das sorgt für einen herrlichen Duft und verleiht den Gerichten ein besonderes Aroma.

12 Monate

JANUAR

FEBRUAR

MAI

JUNI

SEPTEMBER

OKTOBER

in meinem Garten

MÄRZ

APRIL

JULI

AUGUST

NOVEMBER

DEZEMBER

Lieblingspflanzen: orange

Alstroemeria 'Indian Summer'

Cosmos sulphureus

Crocosmia 'George Davison'

Euphorbia griffithii 'Fire Glow'

Fritillaria Rascals 'Bach'

Lilium lancifolium

Lilium 'Orange Cocotte'

Meconopsis cambrica

Rosa 'Westerland'

Orange ist eine schwierige Farbe. Grelles Orange, wie wir es von Ringelblumen kennen, wirkt schnell zu dominant. Die zarten Töne sind dagegen vornehm und in Kombination mit Gelb, Rotbraun oder Hellgrün gut einsetzbar. Orange kommt bei Zwiebelgewächsen, Rosen und Einjährigen oft vor, bei Stauden hingegen eher weniger. Hier folgen zehn meiner Favoriten aus allen genannten Kategorien:

Alstroemeria 'Indian Summer'
Cosmos sulphureus
Crocosmia 'George Davison'
Euphorbia griffithii 'Fire Glow'
Fritillaria Rascals 'Bach'
Lilium lancifolium
Lilium 'Orange Cocotte'
Meconopsis cambrica
Rosa 'Westerland'
Zinnia marylandica 'Double Zahara Fire'

Zinnia marylandica 'Double Zahara Fire'

JUNI

Meine erste Gartenreise nach England unternahm ich 1977: fünf Tage mit jeweils mindestens vier Gartenbesuchen. Als ich zurückkam, war mein Kopf voll mit Kombinationen und besonderen, neuen Sorten. Darunter Mauerblümchen – bis dahin für mich ziemlich unbekannt –, die ich fast überall, selbst in den kleinsten Vorgärten, und in verschiedensten Farben entdeckte, mit fantastischen Namen wie 'Primrose Dame' (Zartgelb mit Cremeweiß), 'Apricot Twist' (oder 'Apricot Delight', kupferfarben) und 'Fire King' (rostrot). Bis zum heutigen Tag bin ich von Mauerblümchen fasziniert, und das hat verschiedene Gründe: Sie blühen dauerhaft, verbreiten einen himmlischen Duft, sind wintergrün und können überdies an den trockensten, sonnigsten Stellen gedeihen.

»Der frühe Vogel fängt den Wurm«

Im Juni ist die Hauptblüte der Mauerblümchen *(Erysimum)* zwar vorbei, aber dennoch entwickeln sie den gesamten Sommer über, mal mehr, mal weniger, weitere Blüten. Ich beobachte das aus nächster Nähe, denn natürlich haben wir sie auch bei uns gepflanzt, wenngleich der Boden eigentlich viel zu nährstoffreich für sie ist. Ich habe sie so weit wie möglich an die Ränder der Kieswege gesetzt, wo es trockener und der Boden magerer ist. Die Pflänzchen säen sich zu Dutzenden aus. An anderen Stellen, in der Beetmitte, wachsen sie eigentlich zu lang, aber solange sie nicht aufgeben, dürfen sie bleiben.

Die allerbesten Plätze für die Mauerblümchen sind warme, sonnige und trockene Bereiche, wie sie bei uns am Gartenneingang unter den Briefkästen vorliegen. Hier habe ich Sämlinge aus dem Garten eingepflanzt. Sie gingen sofort auf und blühen nun zwischen einem Klinkerpfad und einem Holzschuppen. Dort wachsen sie fest und kompakt, zeigen im Februar erste braunrote Blütchen und blühen bis weit in den Sommer hinein.

Hand anlegen an den Blüten

Im Juni geht die Gartenarbeit unvermindert weiter. Ich muss die Tage gut durchplanen, um zu verhindern, dass mir die Arbeit über den Kopf wächst: die Beschleunigung, die Anfang Mai mit der Entwicklung der Stauden begann, erscheint mir wie ein wilder Fluss, der sich erst Ende Juni wieder beruhigt. Jeden Tag muss der Garten begangen werden, damit ich hier und da eingreifen kann. *Smyrnium perfoliatum* ist nun verblüht und hat schwere Samenstände gebildet, die man für andere Pflanzenliebhaber ernten kann. Die übrig gebliebenen goldgelben Stängel lassen sich leicht herausziehen, ebenso das vergilbte Blatt der Frühjahrszwiebeln. Jetzt wird auch das erste

Erysimum 'Red Jep'

Erysimum 'Bowles' Mauve'

hartnäckige Unkraut sichtbar, beispielsweise Winde und Giersch, und es kostet Zeit, diesen zu Leibe zu rücken.

Juni ist wie der Mai ein Monat, in dem die Schere häufig zum Einsatz kommt. Als Erstes werden die Hecken beigeschnitten, denn sie bilden den Rahmen für die üppige Bepflanzung. Je strenger sie aussehen, umso besser. Jetzt, wo die Beete ausgewachsen sind, bin ich froh, dass ich bei der Anlage einen offenen Weg von 40 bis 50 Zentimetern Breite zwischen Hecke und Beet eingeplant habe: ein unbepflanzter Rand, über den man gut an die Hecken kommt und auf dem der Schnitt landet. Nichts ist frustrierender, als wenn der Schnitt in das Beet fällt, wo man ihn mit viel Mühe wieder herauslesen muss, ohne die Pflanzen zu beschädigen.

Auch für die früh blühenden, nun verblühten, Storchschnabelarten wie *Geranium magnificum* und *Geranium macrorrhizum* braucht man jetzt die Schere. Sie werden bis auf den Boden zurückgeschnitten und entwickeln in kürzester Zeit wieder neues Blatt, das bis Sommerende schön ist. In gleicher Weise gehe ich bei den Akeleien und beim Frauenmantel vor: ganz zurückschneiden, damit schnell neues Blatt treibt. Später in der Saison beschneide ich auch andere Pflanzen, um so neue Blüten zu fördern. Neben der bereits genannten *Campanula lactiflora* 'Loddon Anna' bilden auch *Veronica longifolia* 'Marietta' und *Veronicastrum virginicum* 'Album' neue Blüten, wenn man die alten herausschneidet.

Auch bestimmte Sträucher entkommen einem Schnitt in diesem Monat nicht. Eine Reihe von denen, die im Frühjahr blühen, muss direkt nach der Blüte geschnitten werden, denn sie entwickeln die Blüten am Holz des vorigen Jahres. In meinem Garten stehen Flieder, *Deutzia* und Sommerjasmin. Bei ihnen beschneide ich im Juni die Zweige, die gerade geblüht haben, um den Austrieb neuer Zweige für eine Blüte im nächsten Jahr anzuregen.

Noch etwas zum Schnitt: Auch die Schirmweißdorne, die bei uns an der Grenze von öffentlichem und privatem Garten stehen, werden im Juni geschnitten. Das Beschneiden dieser Bäumchen ist aber gar nicht so einfach. Man braucht eine Leiter, die sehr vorsichtig in die Beete gestellt wird. Ich selbst traue mich nicht mit einer elektrischen

Campanula lactiflora 'Loddon Anna'

Smyrnium perfoliatum mit *Helleborus orientalis*

Veronicastrum virginicum 'Album'

Schere in die Höhe, aber glücklicherweise ist Toon, der Nachbarssohn, ein Praktiker. Also überlasse ich ihm diese Arbeit gern. Er hilft mir auch beim grün bleibenden Liguster *(Liguster delavayanum)*, der sich wie ein Schirm über dem sonnigsten Beet ausbreitet. Der Formschnitt für dieses Bäumchen ist eine Operation für sich: Toon schneidet, balancierend auf einer Leiter, und ich stehe so dicht wie möglich mit einem umgedrehten Schirm daneben, um das Schnittgut aufzufangen, damit es nicht in den Kies oder ins Beet fällt. Immerhin hat sich diese Methode bestens bewährt!

Formschnitt des Ligusters mithilfe des Nachbarssohns Toon und eines umgedrehten Regenschirms, mit dem ich das Schnittgut auffange

Anpassen und eingreifen

Nicht nur in meinem eigenen Garten verfolge ich die Entwicklung der Bepflanzung, sondern auch bei den anderen Projekten, für deren Planung ich zuständig war. Von 2008 bis 2009 arbeitete ich an den Entwürfen für den Nationalen Staudengarten in den Gärten von Appeltern, einer Modellgartenanlage in der Nähe von Nimwegen. 2010 wurde diese Anlage eröffnet, und seitdem bin ich mindestens einmal im Jahr für eine Kontrollrunde vor Ort – gemeinsam mit dem Staudenlieferanten und dem Gärtner, der für die Pflege des Gartens verantwortlich ist. So eine Runde verspricht immer lehrreiche Erkenntnisse, weil man sieht, wie sich die Pflanzen entwickeln und wo eine eingreifende Hand nötig wird.

Etwas anders gestaltet es sich mit dem Blumengarten von Schloss Amerongen. Während eines Gartenausflugs, den die Zeitschrift *Onze Eigen Tuin* (»Unser eigener Garten«) organisiert hatte, sprach mich eine ehrenamtliche Helferin des Schlossgartens von Amerongen an. Sie erzählte mir, dass das Schloss ein finanzielles Vermächtnis erhalten habe, verknüpft mit dem Wunsch, dass der verwahrloste Schnittblumengarten in einen modernen Blumengarten verwandelt wird. Sie bat mich, mir die Sache einmal anzusehen.

Veronica longifolia 'Marietta' mit *Lavatera olbia* 'Rosea'

Eine Traube von *Deutzia*-Blüten

Purpurfarbenes *Geranium psilostemon* mit *Allium* 'Beau Regard' und hellblauem *Geranium* 'Mrs. Kendall Clark'

Campanula lactiflora 'Loddon Anna'

Anfang und Ende Mai in den Gärten von Appeltern

Juli und August in den Gärten von Appeltern

Sommer im Schnittblumengarten von Schloss Amerongen

Also traf ich mich an einem sonnigen Montagnachmittag im September mit dem Hauptgärtner und seinen freiwilligen Helfern. Wir besprachen die Möglichkeiten, begutachteten die Situation, und am Ende ging ich tatsächlich mit einem neuen Auftrag nach Hause. Die Pläne zu erstellen, den alten Garten zu roden, anzupassen und ihn für die Bepflanzung vorzubereiten, dauerte den gesamten Winter. Ende März konnten wir schließlich anfangen.

Ich begann mit dem Auslegen der Pflanzen. Meine freiwilligen Helfer hatten schnell verstanden, worum es mir ging und was mir wichtig war, sodass wir sehr zügig den ganzen Garten bepflanzen konnten. Zwei Monate später war ich wieder dort, um die Dahlien zu setzen. Die erste farbenreiche Saison des Blumengartens konnte kommen. Weil wir neue Erde mit Kompost gemischt hatten, reagierten manche Pflanzen wie *Agastache* mit enormem Wuchs – überaus prachtvoll, aber im Lauf der Zeit sollte sich ein natürlicheres Gleichgewicht in der Bepflanzung von allein einstellen.

Agastache 'Blue Fortune'

Die letzte Aktion des Jahres war schließlich die Pflanzung der Frühjahrsblumenzwiebelmischungen, wieder mit denselben Freiwilligen, die eine immer größere Begeisterung an den Tag legten. Bis heute schaue ich dort ein paarmal im Jahr vorbei, um die Entwicklung zu verfolgen, Rat zu geben und Fragen zu beantworten. Es bereitet mir viel Freude, auf diese Art weiterhin ein Teil des Projekts zu bleiben und den Freiwilligen beratend zur Seite zu stehen. So ist die größtmögliche Qualität garantiert.

„Der frühe Vogel fängt den Wurm ..."

Einer der herrlichsten Aspekte des Junis ist, dass es schon kurz nach vier Uhr morgens hell wird. Wenn die Vögel zwitschern und sich ein schöner Tag ankündigt, springe ich früh aus dem Bett und gehe in den

Im Sommer weiß man gar nicht, wo man hinblicken soll. Die Pflanzen zeigen sich von ihrer besten Seite.

Garten. Im sachten Morgenlicht ist er am schönsten, und der intensive Duft mancher Sorten (wie etwa *Campanula* 'Loddon Anna') am reinsten. In diesen Stunden, bevor der Rest der Welt erwacht, tanke ich Energie und Inspiration für den anstrengenden Tag.

Überraschungen

Eine der Überraschungen dieses Monats ist die Blüte der späten Zwiebeln, die ich bis dahin völlig vergessen hatte. Am Rand des Beetes, zwischen *Geranium macrorrhizum*, erscheint *Ixia paniculata* 'Eos'. Ich hatte sie mir anders vorgestellt, mit cremegelben Sternchen – nicht so fleckig und chaotisch. War der Standort schuld oder die Konkurrenz der sie umgebenden Pflanzen? Irgendwie enttäuschend, aber vielleicht sind sie im nächsten Jahr schöner.

Im gleichen Beet erscheinen Mitte Juni Blatt und Knospen von *Ornithogalum ponticum* 'Sochi'. Aus den Knospen werden lange, pyramidale Blütendolden in Silberweiß, 60 Zentimeter hoch und mit mehreren Blüten pro Zwiebel. Sie bieten sechs Wochen lang einen fantastischen Zugewinn. Zufällig entdeckte ich im Beet neben dem Gewächshaus die feinen Blütchen der *Triteleia*, in Weiß und Himmelblau, die sich tapfer zwischen den sie umringenden Stauden behaupteten. Im ersten Jahr war die Blüte noch mager, aber da sie hier günstig stehen – in der Sonne, im trockensten Beet des Gartens und gegen eine warme Mauer –, ist ihre Zukunft vielversprechend.

Noch ein kurzer Exkurs zu den Zwiebeln: Der Juni ist auch der richtige Monat, um Zwiebeln zu verpflanzen, die im Frühjahr kaum noch geblüht haben. Das passiert bei Narzissen und *Camassia*, die zu große Horste gebildet haben. Die einzelnen Blumenzwiebeln können sich dann nicht mehr gut entwickeln, kleben aneinander und müssen geteilt werden. Manchmal ist auch Lichtmangel die Ursache für eine schwächere Blühfähigkeit: Blumenzwiebeln, die vor fünf Jahren in die

Geranium macrorrhizum 'Spessart'

Ixia paniculata 'Eos'

Triteleia laxa 'Koningin Fabiola'

Nähe eines Strauches gepflanzt wurden, stehen über kurz oder lang im Schatten des größer gewordenen Strauches. Da man im Juni noch am vergilbten Blatt sieht, wo sie stehen, holt man sie am besten jetzt aus dem Boden, teilt sie und pflanzt sie in größeren und kleineren Grüppchen an hellere Stellen erneut ein. Der zweite Blumenzwiebeljob ist die Bestellung für das nächste Frühjahr. Wer sich hier früh ans Werk macht, hat noch die volle Auswahl. Also heißt es, die Aufzeichnungen aus dem Frühjahr herauszusuchen, eine Liste anzufertigen und die Bestellung abzuschicken. So kann man sicher sein, dass man im Herbst genau das bekommt, was man will.

Dornröschen

Vor vielen Jahren besuchte ich mit einer Freundin die berühmte Pflanzenmesse Journées des Plantes in Courson im Süden von Paris, die mittlerweile in die Domaine de Chantilly im Norden von Paris umgezogen ist. Am Ende eines Tages mit unzähligen Schönheiten beschloss meine Freundin, eine Kletterrose zu kaufen, die sie am Morgen bewundert hatte. So kam es, dass wir mit 'King Edward VIII' auf dem Rücksitz nach Hause fuhren. Er bekam einen Platz an einem sonnigen Giebel an der Transvaalkade in Amsterdam, umgeben von grauen

Pflastersteinen, was ihn aber überhaupt nicht beeindruckte. Resolut begann er den Giebel an Spannseilen zu erklimmen. Nach ungefähr vier Jahren erreichte er bereits den vierten Stock und wurde meiner Freundin lästig – er sollte weichen. Das war schade, denn wenn diese »königliche« Rose blühte, sah das Haus wie das Schloss von Dornröschen aus: überladen mit dicken Dolden weißer Blüten – sehr romantisch. Ich versprach meiner Freundin, ihr die Rose abzunehmen; ich hatte genug Platz und konnte so das Leid minimieren. Wie sie es schaffte, die Rose aus dem Boden zu ziehen, weiß ich nicht. Aber sie kam mit ausreichend Wurzelwerk und ein paar starken Zweigen zu mir.

Wunderschönes Sommerarrangement aus *Allium* 'Violet Beauty', *Ornithogalum ponticum* 'Sochi' und *Euphorbia niciciana* ssp. *Seguieriana*

Rosa 'Westerland' in voller Blüte

Die Kletterrose 'King Edward VIII', die nicht aufhörte zu wachsen – weder an ihrem ursprünglichen Platz in Amsterdam noch in meinem Garten in Weesp

Ich gab der Rose eine Stelle neben der Esche, doch dort gefiel es ihr nicht, also zog sie an den Deich um, als Begleitung für die Treppe. Doch auch das war keine gute Idee, denn die neuen Triebe wurden so lang, dass man die Stufen nicht mehr ohne Kratzer begehen konnte. Also grub ich sie ein weiteres Mal aus, teilte sie und pflanzte sie oben an den Deich zu den Brombeeren – endlich war alles gut. Die Brombeeren geben ihr Halt und verschwinden allmählich unter einer Rosendecke. Inzwischen hängen die »Tentakeln« der Rose wie Lianen über den Brombeeren und Weißdornen in meinen Garten. Prächtig und eindrucksvoll – aber wie das wohl enden wird?

Das Besondere an dieser Geschichte: Ich bin eigentlich kein Fan von Rosen. Oft sind sie mir zu streng und steif und fügen sich nur schlecht in die Art der Bepflanzung ein, für die ich bekannt bin. Es gibt nur wenige Sorten, die ich mag, darunter *Rosa rugosa* 'Dagmar Hastrup' wegen ihres Duftes, 'Westerland' wegen ihrer (Kupfer-)- Farbe und *Rosa chinensis* 'Mutabilis', weil sie in der Entwicklung von der Knospe bis zur Blüte eine Vielzahl verschiedener Farben zeigt, von Zartgelb bis Rosarot.

12 Monate

JANUAR

FEBRUAR

MAI

JUNI

SEPTEMBER

OKTOBER

in meinem Garten

Lieblingspflanzen: rot

Alcea rosea

Es gibt viele Rottöne, mein Favorit ist aber das knallige Rot, das auch Tomatenrot oder Feuerwehrrot genannt wird. Diese Farbe zieht so viel Aufmerksamkeit auf sich, dass man sie vorsichtig verwenden sollte. Knallrot wirkt am besten neben Hellgrün, weshalb viele Gräser ideale Partner sind. Echtes Rot ist auch schön im Zusammenspiel mit den grau-violetten Tönen von Lavendel oder *Verbena rigida* 'Polaris'. Ein regelrechter Knaller ist die Farbe zudem im rosa Beet, das in hellem Sonnenlicht schnell gräulich wirken kann. Flammend zeigen sich folgende Arten:

Alcea rosea

Bidens ferulifolia 'Hawaiian Flair Red Drop'

Crocosmia 'Lucifer'

Dahlia 'Honka Surprise'

Lobelia speciosa 'Fan Red'

Paeonia 'Red Charm'

Potentilla 'Arc-en-Ciel'

Ricinus communis 'Carmencita Red'

Tagetes 'Linnaeus'

Tulipa 'Leo'

Bidens ferulifolia 'Hawaiian Flair Red Drop'

Crocosmia 'Lucifer'

Dahlia 'Honka Surprise'

Lobelia speciosa 'Fan Red'

Paeonia 'Red Charm'

Potentilla 'Arc-en-Ciel'

Ricinus communis 'Carmencita Red'

Tagetes 'Linnaeus'

Tulipa 'Leo'

Das Beet der Einjährigen

Für diejenigen, die eine leere Stelle im Garten haben oder mit einem neuen Garten beginnen, kann ein Beet mit Einjährigen eine schnelle Lösung sein, um noch im selben Jahr fröhliche Farbenvielfalt zu bekommen. Am schönsten ist ein solches Beet, wenn es neben Farben auch Struktur zeigt, beispielsweise mit einjährigen Ziergräsern und anderen Blattpflanzen. Über Geschmack lässt sich nicht streiten, aber weil Orange und Gelb immer schnell in die »Geht gar nicht«-Ecke verbannt werden, habe ich hier ein Beet ausgewählt, in dem die leuchtende Ausstrahlung der Blüten durch Blattpflanzen abgeschwächt wird (Ziergräser und Salbei). Die hier gezeigte Rabatte hat eine Fläche von etwa neun Quadratmetern. Ausgehend von ca. 15 Stück pro Quadratmeter bedeutet das ungefähr 130 Pflanzen. Hierfür legt man zuerst die Blattpflanzen gemischt auf der gesamten Fläche mit uneinheitlichen Abständen aus und füllt die Zwischenräume schließlich mit den übrigen Blühpflanzen.

✳ = 17 PENNISETUM GLAUCUM 'JADE PRINCESS'
○ = 45 RUDBECKIA HIRTA 'GOLDILOCKS'
◯ = 8 BIDENS FERULIFOLIA 'HAWAIIAN FLAIR'

OP ALLE OVERGEBLEVEN PLEKKEN EEN WILLEKEURIG GEMENGDE MIX VAN:
15 PANICUM VIRGATUM 'FONTAINE'
20 SALVIA OFFICINALIS 'ICTERINA'
25 TAGETES PATULA 'DISCO RED'

Pennisetum glaucum 'Jade Princess'

Panicum virgatum 'Fontaine'

Bidens feruliforia 'Hawaiian Flair'

Rudbeckia hirta 'Goldilocks'

Salvia officinalis 'Icterina'

Tagetus patula 'Disco Red'

JULI

Als mein Garten noch jung und die Beete noch nicht dicht gewachsen waren, schenkten mir Besucher hin und wieder Pflanzen aus ihrem eigenen Garten. Das war gut gemeint, endete aber nicht immer glücklich. Noch heute ärgere ich mich, dass ich damals ein Büschel rosa Phlox nicht besser untersucht habe. Nach einem Jahr zeigte sich, dass mit ihm auch ein »Blinder Passagier« eingereist war. Leider sah ich das erst, als sich das Pflänzchen – der gefürchtete Giersch – zusammen mit dem Phlox im Beet ausbreitete. Noch heute bekämpfe ich diesen Eindringling, sobald ich ihm begegne; wenn man sein Blatt oft genug entfernt, erschöpft man die Pflanze, hoffe ich! Mir wäre es lieber, ich könnte meine Energie anders einsetzen.

Ruhe und Überraschungen

Geht der Juni in den Juli über, kommt Ruhe in den Garten. Das Überschwängliche des Frühjahrs wurde abgelöst von ruhigerem Grün, in dem sich gelegentlich Überraschungen zeigen. In den sonnigsten Beeten veranstalten die grünen Lichtfarben der Wolfsmilcharten wie *Euphorbia seguieriana* ssp. *niciciana* und *Euphorbia schillingii* ein Fest. Sie bilden einen wunderbaren Hintergrund für das Orangegelb und Rot von *Crocosmia* 'George Davison' und 'Lucifer', ebenso für die elegante und monatelang blühende *Gaura lindheimeri*, die sich hier wohlfühlt. In den etwas schattigeren Beeten wechseln sich Phloxe, Hortensien und verschiedene *Geranium*-Arten ab, hier und da sieht man ein Büschel Reitgras (*Calamagrostis*), das mit jedem Windhauch mitgeht, oder das hübsche Johanniskraut (*Hypericum inodorum* 'Elstead'). Beide Sorten behalten bis weit in den Winter ihre charakteristische Form. Darum sind sie für ein Beet, das lange attraktiv sein soll, als Basis unverzichtbar.

Selbst die dunkelste Rabatte zeigt sich jetzt von ihrer besten Seite: Die Tellerhortensien (*Hydrangea macrophylla* 'Mariesii') präsentieren sich nun von ihrer schönsten Seite, und die imposanten Funkien haben die Schnecken noch nicht entdeckt. Mittendrin zeigt sich ein interessantes Zusammenspiel von Blatt- und Blütenformen unter anderem von *Rodgersia*, den ersten Japanischen Anemonen und, im Hintergrund als Fontäne, *Epilobium angustifolium* 'Album', dem weiß blühenden Weidenröschen. Auf Letzteres muss man gut aufpassen, sonst erobert es das ganze Beet. Daher entferne ich jährlich viele der Ableger, damit es an Ort und Stelle bleibt und im Sommer zwei Wochen lang inmitten all der anderen Stauden die Aufmerksamkeit auf sich zieht.

Alles in allem ist der Juli ein Monat, in dem der Garten seine Balance findet – nun werden, neben wenigen Farbexplosionen, die Blatt-

Euphorbia schillingii

Crocosmia 'George Davison'

Crocosmia 'Lucifer'

Gaura lindheimeri 'Whirling Butterflies'

Phlox 'Blue Paradise'

Epilobium angustifolium

Astilbe hybr. 'Deutschland'

Hydrangea sargentiana

Hakonechloa macra

Hypericum inodorum 'Elstead'

Hydrangea macrophylla 'Mariesii'

Teich mit *Cleome* 'Senorita Blanca' im Vordergrund

Acanthus spinosus

formen und Strukturen wieder wichtig. Ein Monat, in dem die Pflege der Beete keine große Rolle spielt, da alle Pflanzen so dicht gewachsen sind, dass Unkraut kaum eine Chance hat und der Boden durch die dichte Blätterdecke ausreichend feucht bleibt. Zumindest so lange, bis der Klimawandel mit seinen immer länger währenden Hitze- und Trockenperioden sowie gelegentlichen Starkregenfällen nicht noch mehr durcheinanderbringt. Wie unsere an die Niederlande gewöhnten Arten darauf reagieren, bleibt abzuwarten.

Gießen

Auch das gehört dazu: In fast jeden Garten, mit dem ich befasst bin, soll auf Wunsch der Besitzer eine automatische Bewässerung integriert werden: »So praktisch, dann muss man nicht mehr zur Gießkanne oder zum Schlauch greifen.« Ein Körnchen Wahrheit ist zwar dabei, aber mich wundert es schon, dass Menschen glauben, man könnte einen Garten mithilfe eines Computers in Topform halten. Den Komfort mal beiseitegelassen, ist das Lästige an so einer computergesteuerten Beregnungsinstallation, dass der Garten in fast allen Fällen zu viel Wasser bekommt, denn sie schaltet sich auch dann ein, wenn es eigentlich gar nicht notwendig ist. Ich dagegen verfolge die Strategie, nur im Notfall zu gießen: wenn der Garten so trocken wird, dass die Pflanzen schlapp werden und zeigen, dass sie Wasser brauchen. Dann stelle ich einmalig, aber lang – für mindestens ein bis zwei Stunden – den Sprenger an. In unserem Garten gibt es eine Reihe von Zapfstellen, die an eine Pumpe angeschlossen sind, um das Wasser aus dem Graben zu holen. An diese Zapfstellen kann man einen Schlauch mit Sprenger anschließen. Ja klar, man muss dann die Schläuche schleppen, aber das kommt höchstens zwei- bis dreimal im Sommer vor.

Zu welcher Zeit man gießen sollte, darüber herrschen verschiedene Meinungen vor: Ich gehöre zu denen, die meinen, früh morgens, wenn die Pflanzen noch kühl von der Nacht sind, sei es am besten. Andere schwören dagegen auf das Gießen am Abend, weil danach wenig Wasser verdampft. Finden Sie für sich selbst heraus, was sich für Sie und Ihren Garten als beste Methode erweist.

Ein weiteres Argument gegen automatische Bewässerung ist die schlechte Auswirkung auf Verwilderungszwiebeln. Sie bleiben ja im Boden und brauchen es dort im Sommer trocken, um im nächsten Frühjahr erneut blühen zu können. Wird die Erde aber permanent feucht gehalten, geben sie auf. Schädlich also für alle Rasenflächen und Beete mit Schneeglöckchen, Krokussen, Narzissen und anderen verwildernden Zwiebeln und ein Grund mehr, sich eine solche Installation gut zu überlegen.

Kirengeshoma palmata

Lichtspendende Pflanzen

Im Juli, wenn die Bepflanzung in vollem Umfang vorhanden ist, sieht man am besten den Unterschied zwischen hellen und dunklen Stellen im Garten. Und man erkennt, dass man mit dunklen Stellen Tiefe schaffen und mit »lichtspendenden« Pflanzen Räumlichkeit bewirken kann: Dies gelingt mit hellfarbigen Blüten und bunten Blättern. Bunt ist in diesem Fall eine andere Farbe als das durchschnittliche Grün – das heißt ein hellgrünes oder dunkelgrünes Blatt mit weißem oder gelbem Rand oder Fleck. Unser Deichbeet ist der allerdunkelste Ort im Garten, weil es im Schatten der Weißdornbäume, hoch wachsender Brombeeren und einer starken Buche liegt. Dort habe ich Pflanzen verwendet wie *Aruncus dioicus* mit cremeweißen Blüten im Juni und Juli, gefolgt von den silberweißen Blüten von *Thalictrum delavayi*

Pflanzen mit buntem Blatt geben dunklen Stellen Licht, links *Hosta sieboldiana* 'Frances Williams' und rechts *Brunnera macrophylla* 'Sea Heart'.

'Splendide White' und *Persicaria filiformis* 'Alba'. Das bunte Blatt kommt von *Brunnera macrophylla* 'Sea Heart' (gräulich), *Hydrangea macrophylla* 'Variegata' (weiß gerändertes Blatt mit weißen Blüten) und *Hakonechloa macra* 'Albostriata', ein Ziergras mit dünnem, weißem Strich in der Blattmitte. Wenn man diese lichtspendenden Arten an verschiedenen Stellen im Beet wiederholt einsetzt, bekommt der Garten Perspektive: Das Auge wird zu den hellen Flecken geführt, wodurch man mehr Tiefe erfährt als bei einer ausschließlich grünen Bepflanzung. Auf diese Weise wird das Beet interessanter.

Eisblumen

Im Juli hat man im Garten nicht so viel zu tun. Endlich bleibt Zeit, sich mit den Blumen und Pflanzen auf eine ganz andere Art zu beschäftigen. Im Juli habe ich Geburtstag, und ein besonderer Teil des Festes ist schon häufig der »Drink in Eisblumen« gewesen. Die Idee stammt von Martha Stewart, die 1982 das Buch *Entertaining* schrieb. Darin gibt sie Vorschläge für festliche Lunches und Diners für kleine und größere Gruppen. Eine wesentliche Rolle bei den Partys spielen Blumen, die auf fantasievolle Art und Weise verarbeitet werden. Mich inspirierte ein Foto von zwei Flaschen Wodka, die einen Eismantel tragen, in dem Rosenstiele und Buchszweige eingefroren sind. Das sieht sehr festlich aus und ist kinderleicht umgesetzt: Zwei Flaschen Wodka werden in zwei leere 1,5-Liter-Milch-Tetra-Paks gestellt. Diese Kartons werden mit Wasser befüllt und die Zweige ringsum hineingestellt.

Die Milchkartons stellt man anschließend für mindestens 24 Stunden in den Tiefkühler. Danach werden die Kartons um den Eisblock abgeschnitten. Wenn die Gäste kommen, werden die Eisblöcke auf großen Tellern arrangiert, die das Schmelzwasser auffangen.

Sommerblumen in der »Royal Mile«

Jedes Jahr mitten im Sommer denke ich an eines meiner schönsten Projekte, die »Royal Mile« in Apeldoorn 2008. Im Rahmen der Triennale Apeldoorn, einem Garten-, Kultur- und Landschaftsereignis, sollte ich als Chefdesignerin und Supervisor eine »Royal Mile« – ein Blumenbeet mit einer Länge von einer Meile (1,609 Kilometer) – entwerfen. Der Ort war ein Traum: Ein befestigter Spazierweg ging vom Eingang des Parks Berg en Bos in einen Sandpfad in Richtung Wald über. Die Idee war, am Anfang zu beiden Seiten des befestigten Weges Staudenbeete anzulegen, die an einem Plätzchen endeten, wo der Sandpfad begann und die lange Linie fortsetzte. Entlang des Sandpfads sollten an beiden Seiten Beete mit Sommerblumen und sommerblühenden Zwiebelgewächsen wie Dahlien und Lilien angelegt werden. Die Staudenbeete wurden im Juni 2007 bepflanzt, und dank eines warmen, aber feuchten Sommers wuchsen die Pflanzen wie verrückt. Schon 2008 sahen sie sehr gut und erwachsen aus.

Für die Beete mit Einjährigen entlang des Sandwegs hatte ich einen anderen Plan: zehn Beete, fünf auf jeder Seite des Weges, in ineinander übergehenden Farben. An der sonnigen Seite des Pfades waren es

Drink mit Eisblumen, abgeguckt bei Martha Stewart

Details von zwei der zehn Beete der »Royal Mile« im Park Berg en Bos in Apeldoorn. Links das orangefarbene Beet von Jane Schul mit einem Akzent auf Dahlien und rechts mein eigenes silber-lila Beet mit dem Akzent auf Blattpflanzen.

kräftige Farben: Lila, Rot, Orange, Hellgelb und Weiß. Genau gegenüber in den schattigeren Beeten zeigten sich zartere Töne: Violett, Rosa, Apricot, Zartgelb und Grau mit Grün. Für die Bepflanzung von neun dieser Beete wurden neun andere Spezialisten und Designer – aus dem In- und Ausland – beauftragt, sodass neben meinem eigenen Entwurf neun andere Pläne erstellt wurden. Der ganze Prozess war ein Fest: Er begann im Juni 2007 mit einem gemeinsamen Blick auf den Ort sowie der Besprechung der Bedingungen. Danach ging jeder an seine Arbeit, denn die Pläne mussten bereits im September fertig sein, damit die Lieferanten ausreichend Zeit hatten, alle gewünschten Sorten zu finden und/oder zu säen. Am Ende blieben zwei Lieferanten übrig, einer für die Sommerzwiebeln, ein anderer für die Einjährigen. Die Strategie ging auf, denn beide brachten ihre eigene Expertise mit, beispielsweise in Bezug auf das Vortreiben der Dahlien oder die optimale Zusammenstellung der Pflanzerde.

Im Winter 2007/2008 wurden die Waldränder, auch als regelmäßige Pflege, zurückgeschnitten. Anschließend wurden an den Seiten des Sandpfads zweimal fünf Pflanzflächen gebaut, je 70 x 5 Meter, mit einer etwas erhöhten Holzeinfassung. Mitte Mai war alles pflanzfertig, und in fünf Tagen füllten wir jeweils zwei Beete. Jeder Designer legte die Pflanzen in seinem Beet aus, und die Pflanztruppe verrichtete die

Pflanzarbeit. Nach vier Tagen bei herrlichem Sommerwetter und einem letzten Tag bei strömendem Regen war alles gepflanzt – nun konnte das Spektakel beginnen. Dank des Juliregens und der Wärme im August tat es das auch, nicht zu vergessen dank der regelmäßigen und fachkundigen Betreuung. Die »Royal Mile« wurde ein großer Erfolg, vor allem durch die temporären Beete: Nach der Saison sollte der alte Zustand wiederhergestellt werden. Noch heute werde ich auf dieses Projekt angesprochen, und würde man mich nach einem Wunsch für einen Traumauftrag fragen, dann würde ich sofort an die »Royal Mile« denken.

Übersichtsbild der »Royal Mile«, das den Farbverlauf in den Beeten zeigt

12 Monate

JANUAR

FEBRUAR

MAI

JUNI

SEPTEMBER

OKTOBER

242 EIN JAHR IN MEINEM GARTEN

in meinem Garten

Lieblingspflanzen: Einjährige

Cosmos bipinnatus

Im Juli ist endlich Gelegenheit, all die Pflanzen, die unsere Winter nicht überleben und die wir »Einjährige« nennen, ins Rampenlicht zu rücken. In den letzten 20 Jahren wuchs das Sortiment enorm. Dadurch sind wir nicht mehr so sehr an die traditionellen Beetpflanzen wie Eisbegonien, Tagetes und rote Salvien gebunden, sondern können aus einer großen Gruppe viel modernerer Pflanzen, die luftiger, leichter oder extravaganter aussehen, wählen und mit ihnen experimentieren. Meine Favoriten aus dieser Gruppe sind:

Acidanthera murielae
Amaranthus cruentus 'Hot Biscuits'
Begonia 'Crackling Fire Creamy Yellow'
Bidens ferulifolia 'Bellamy White'
Caladium bicolor 'White Queen'
Cleome hybr. 'Sparkler'
Cosmos bipinnatus
Erigeron karvinskianus
Nicotiana sylvestris
Pennisetum setaceum 'Rubrum'

Acidanthera murielae

Amaranthus cruentus 'Hot Biscuits'

Begonia 'Crackling Fire Creamy Yellow'

Bidens ferulifolia 'Bellamy White'

Caladium bicolor 'White Queen'

Cleome hybr. 'Sparkler'

Erigeron karvinskianus

Nicotiana sylvestris

Pennisetum setaceum 'Rubrum'

AUGUST

Als Kind hatte ich mit Garten eigentlich nichts im Sinn. Im August erinnere ich mich vor allem an die Unmengen Bohnen und Salatköpfe, die mein Vater aus unserem Gemüsegarten holte. Dann gibt es noch ein vages Bild eines Beetes neben dem Haus, in dem meine Mutter ab und zu Unkraut jätete. Die große Freude am Garten entwickelte ich erst mit meinem eigenen und sehr viel später. Doch dann wurde ich süchtig und kämpfte um Freiraum, weil so viele besondere Pflanzen ein Plätzchen bekommen sollten.

Grüner Genuss

Platzmangel spielt noch immer eine Rolle, denn so langsam ist der Garten in Weesp voll. Es kostet echt Mühe, für Neuanschaffungen einen Platz zu finden. Ein Luxusproblem! Der August ist der Monat des Genusses. Die Pflanzen stehen stabil und müssen nicht mehr groß versorgt werden. Jetzt kann man sie zufrieden bestaunen und überraschende Entwicklungen und Kombinationen entdecken. Die Hortensien sind gerade über den Höhepunkt hinaus. Die Blüten verblassen und werden langsam zu papierartigen Strukturen, die es bis weit in den Winter hinein wert sind, gesehen zu werden. Das gilt übrigens auch für viele andere Pflanzen, die jetzt am schönsten sind: *Verbena bonariensis* etwa, *Sedum* 'Matrona', *Veronicastrum* und *Hypericum* 'Elstead'. Bis man sie im Februar abschneidet, trumpfen sie mit Zweigen auf, an denen erst rote und später schwarze Beeren sitzen.

August ist ein Monat mit relativ wenig Gartenarbeit: Zu den wichtigsten Aufgaben gehören das Gießen und Düngen der Töpfe mit Sommerblühern. Sollten die Temperaturen sehr hoch steigen, dann muss natürlich generell im Garten gegossen werden. Ich sprenge so wenig wie möglich, da ich davon ausgehe, dass sich die Pflanzen selbst versorgen. Machen sie aber wirklich schlapp, dann greife ich ein.

Verbena bonariensis mit *Persicaria amplexicaulis*

Sedum 'Matrona' mit *Artemisia* 'Powis Castle' und *Imperata cylindrica* 'Red Baron'

Sicht auf die Gärtnerei Volmary

Frühling auf Schloss Ippenburg

Landesgartenschau in Papenburg

Vor allem ist der August ein idealer Zeitpunkt, um über Möglichkeiten nachzudenken: Irgendwie vermittelt einem der Garten immer viele Denkaufgaben, auch bezüglich anderer Projekte.

Im Hochsommer besuche ich häufig andere Gärten und Gärtnereien, um mich inspirieren zu lassen. Ich mag die Offenen Tage bei Volmary, einer Gärtnerei für einjährige Sommerblumen in Münster. Anfang August stehen die Versuchsfelder in Blüte. Man braucht einen ganzen Tag, um alles zu sehen. Auch der Sichtungsgarten in Weihenstephan in Bayern ist sehenswert; er ist außerdem lehrreich, weil hier viele Versuche mit Sortimenten erfolgen. Und meist, wenn ich durch Deutschland reise, gibt es auch eine Bundes- oder Landesgartenschau, wo es viel zu sehen und zu lernen gibt.

Die Deutschen sind vor allem bekannt für ihre Bepflanzung des öffentlichen Grüns mit Einjährigen. Ihre Art ist konventioneller als unsere, aber immer gut für Inspirationen. Ich selbst durfte schon zweimal bei Landesgartenschauen aktiv werden, in Bad Essen 2010 und in Papenburg 2014. In Bad Essen ging es um Beete rund um Schloss Ippenburg, in Papenburg bekam ich einen der zwölf »Ebbe und Flut«-Themengärten zugewiesen. Das Thema hatten die Gärten den Papen-

Salvia uliginosa

Salvia guaranitica 'Black and Blue' mit den Federn von *Pennisetum* 'Karley Rose'

Eine einjährige Sommerbepflanzung in Frankreich

burger Schiffswerften zu verdanken. Beides waren interessante Projekte, mit denen ich meine Erfahrungen machte. In Papenburg bemerkte man erst am Tag der Sommerbepflanzung, dass die Bestellung für meinen Garten nicht an den Lieferanten übermittelt worden war. Große Panik, was tun? Mit tatkräftiger Hilfe der Hauptverantwortlichen für die Gärten konnte an nur einem Tag bei verschiedenen regionalen Gärtnereien und Gartencentern ein großer Teil der Sommerblumen in den gewünschten Farben (Weiß und Blau) gefunden werden. Leider waren es nur Beetpflanzen und nicht höher als 30 Zentimeter. Da ich auch höhere Akzente brauchte, rief ich meine Freundin Fleur van Zonneveld von der Gärtnerei »De kleine Plantage« an, eine Stunde Fahrzeit von Papenburg entfernt. Sie verhalf mir zu den Perlen der Bepflanzung: *Salvia uliginosa*, *Salvia guaranitica* und *Verbena bonariensis*. Alles kam zu einem guten Ende.

Auch die Franzosen feiern große Erfolge in der Bepflanzung mit Einjährigen. In Frankreich gibt es das Prädikat »Villes et Villages Fleuries«: Städte und Dörfer wetteifern um das schönste öffentliche Grün. Unzählige verführerische Kombinationen zeigen sich im Straßenbegleitgrün, in Kreisverkehren, Blumenkübeln und Beeten von

Die »grüne Lunge« im Zentrum von Arnheim

kleinen und größeren Parks: Kombinationen, die Gartenliebhaber inspirieren können. Aber auch die niederländischen Gemeinden sollten sich hier einmal nach Ideen umsehen. Einigen der französischen Kombinationen liegen meine Pläne zugrunde. Regelmäßig werde ich von einem niederländischen Blumenzwiebelexporteur beauftragt, der seinen Stammkunden fix und fertige Pläne und Pakete anbietet, in denen Blumenzwiebeln und Stauden oder Einjährige farbenreich kombiniert sind. Das Erstellen dieser Kombinationen ist für mich eine große Freude, weil es so unendlich viele Möglichkeiten gibt: Beete nach Farben, bunte Beete, Beete mit Strukturpflanzen, mit Ziergräsern, imposante oder lieblichere Beete – grenzenlos!

In den Niederlanden geht besonders die Gemeinde Arnheim über die üblichen Pflanzfelder mit immergrünen Bodendeckern wie *Cotoneaster* hinaus und strebt ein farbenprächtigeres und abwechslungsreicheres Bild in der Stadtmitte an. Vor ein paar Jahren wurde ich gebeten, einen Plan für eine »grüne Lunge« im Stadtzentrum zu entwerfen. Es ging um Wechselbepflanzungen (Frühjahrszwiebeln und einjährige Sommerblumen) für verschiedene Beete. Sie alle liegen entlang einer

Ein Ausschnitt aus den inspirierenden Giebeln des Museums Mucem in Marseille

viel befahrenen Verkehrsader, die durch die Stadt geht. Ein paar erfolgreiche Jahre später kamen auch die Beete rund um das Rathaus dazu sowie mehrere, in der Stadt verteilte Pflanzschalen. Die Bevölkerung schien sehr glücklich über die zusätzlichen Farbtupfer.

Inspiration

Nicht nur Gärten, Gärtnereien und öffentliches Grün sind Inspirationsquellen. Die Natur selbst inspiriert mindestens genauso sehr mit ihren oft wunderbaren Mustern und kunstvollen Gebilden, entstanden durch Wind oder Wasser. Wenn man genau hinschaut, sieht man Motive von selbstverständlicher Perfektion, von denen man viel über Räume und Verhältnisse lernen kann. Dieselbe Selbstverständlichkeit sieht man auch in guter Architektur, z. B. beim Mucem, einem neuen Museum in Marseille. Die Giebel dieses Gebäudes sind mit den sich wiederholenden Mustern so faszinierend, dass man wie gebannt davor steht. Man weiß intuitiv, dass alles in seiner Einfachheit stimmt. Dasselbe Gefühl stellt sich nach stundenlangem Zeichnen und Spielen mit Kombinationen ein, wenn alles irgendwann stimmt: pures Glück!

Mit der Dachbepflanzung von Bürogebäuden und Tiefgaragen kann man die Natur in die Stadt holen. Noch besser, wenn man dabei Pflanzen verwendet, die Schmetterlinge und Bienen anziehen, wie *Allium senescens* und *Agastache*.

Auf hohem Niveau

Im August besuche ich meine eigenen Projekte. Im Frühjahr und Vorsommer habe ich dafür keine Zeit. Dann bin ich von zwei Seiten gefordert: von meinem Garten, den ich täglich auf dem Weg zu meinem Arbeitsplatz durchschreite und in dem es immer etwas zu tun gibt, und von meinen Aufträgen. März, April und Mai sind sehr volle Monate, ebenso Juni und Juli. Nur im August ist Zeit für anderes, schon im September ist der Kalender meist wieder sehr voll.

Manche Projekte entwickle ich von Anfang bis zum Ende, bei manchen steige ich auf halbem Wege ein, etwa wenn mich ein Landschaftsarchitekt um meine Bepflanzungsexpertise anfragt. So habe ich bei einigen Projekten mit Michael van Gessel und Francien van Kempen zusammengearbeitet. Eines der letzten war der Bepflanzungsplan für die Dachgärten des neuen Hauptgebäudes von ASR in Utrecht, ein Projekt von Jeroen van Schooten. Das Gebäude hat drei Stockwerke, jedes mit einem eigenen, exakt geplanten Farbkonzept im Interieur: Gelb, Orange und Lilablau. In jedem Stockwerk korrespondiert auch die Farbgebung der Terrassen mit dem Interieur.

Als Erstes wurden die gelben Dachterrassen angelegt. Bedingung des Auftraggebers: Sie sollten sich an die bestimmende Farbe anschließen und so weit wie möglich ganzjährig ein schönes Bild mit

so wenig Pflegeaufwand wie möglich abgeben. Für die optische Verbindung der drei Dachterrassen wurden jeweils 55 Prozent Ziergräser (*Stipa tenuissima* und *Panicum virgatum* 'Rehbraun') gewählt. Die gelben Terrassen bekamen *Anthemis tinctoria* 'Wargrave Variety', *Rudbeckia fulgida deamii*, *Euphorbia cyparissias* 'Clarice Howard' und *Crocosmia* 'George Davison'. Da diese Dachterrassen auf dem höchsten Niveau liegen, mit der graublauen Skyline von Utrecht im fernen Hintergrund, wirken sie wie eine sonnige Blumenwiese. Auch die darunterliegenden Niveaus haben ihren Charme: Auf den lila Dachterrassen ergänzen *Salvia nemorosa* 'Caradonna', *Geranium* 'Rozanne', *Allium senescens* und *Verbena bonariensis* die Ziergräser. Sie offerieren Bienen und Schmetterlingen ein süßes Vergnügen! Auf den geschützt gelegenen orangefarbenen Terrassen bereichern *Asclepias tuberosa*, *Geum chiloense* 'Dolly North' sowie *Crocosmia* 'Emily McKenzie' und 'Fire King' das Bild.

Ich hatte schon zuvor einmal einen Dachgarten entworfen, aber mit ganz anderem Setting: auf einer Tiefgarage, auf drei Seiten umgeben von hohen, rotbraunen Bürogebäuden – der Zentrale von Cisco an der A9 in Amsterdam. Hier dominierten blaulila Stauden, die fantastisch mit der dahinter liegenden Bebauung korrespondierten. Teil dieser Bepflanzung waren unter anderem *Verbena bonariensis*, *Agastache* 'Blue

Fortune' und *Astrantia major* 'Claret'. Hier schufen u. a. die Ziergräser *Calamagrostis acutiflora* 'Overdam', *Stipa tenuissima* und *Pennisetum alopecuroides* 'Hameln' Akzente. Heute, 15 Jahre später, spielen diese Akzente die Hauptrolle. Blühende Stauden sind kaum noch zu sehen, die ursprünglich gepflanzten Arten wurden im Lauf der Zeit durch andere Ziergräser ersetzt. Ob sie ausgefallen sind oder Opfer der Pflege wurden, lässt sich heute nicht mehr sagen. Tatsächlich ist (gute) Pflege über eine lange Zeit sehr wichtig. Das geht jedoch oft schief.

Hier bin ich aber ganz glücklich, denn der zuständige Landschaftsgärtner hat ein Auge für die Bepflanzung bewiesen und ihr seine eigene Handschrift gegeben, ohne dem ursprünglichen Plan Gewalt anzutun. Das Ganze ist nun nüchterner, aber noch immer imposant.

Besucher

Die meisten Besucher unseres Gartens kommen im Frühjahr, wenn die Zwiebeln in Blüte stehen. Aber auch im Sommer schauen an schönen Tagen regelmäßig Gruppen mit Fahrrädern oder Spaziergänger bei uns vorbei. Bin ich dann selbst vor Ort zugange, werde ich häufig vorsichtig nach dem Namen einer bestimmten Pflanze gefragt – und danach, warum nirgends Schilder stehen. Die Frage ist berechtigt. Ich habe schon auf verschiedene Art und Weise Schildchen angebracht, aber das funktionierte nie gut. Unser Garten ist ein Beispiel für einen privaten Garten und nicht für einen botanischen Garten, der bestimmte Pflanzen mit Namen vorführt. Damit der Charakter des Gartens wirken kann, muss man die Schildchen so anbringen, dass sie das Bild nicht stören, dort sind sie aber schnell überwuchert. Also beschloss ich, nur bei nicht so bekannten, gerade blühenden Pflanzen den Namen anzubringen. Im Frühjahr z. B. bei *Cardamine heptaphylla*, im Sommer bei *Gladiolus callianthus murielae (Acidanthera)*. Die Namen schreibe ich auf ein Blumentöpfchen, das umgekehrt auf einem Bambusstock steckt. So können Besucher den Namen gut lesen, und ich kann ungestört weiterarbeiten.

Schilder mit Pflanzennamen sind wichtig, aber sie dürfen das Bild nicht stören. Darum habe ich diese kreativen Lösungen erdacht.

12 Monate

JANUAR

FEBRUAR

MAI

JUNI

SEPTEMBER

OKTOBER

in meinem Garten

MÄRZ

APRIL

JULI

AUGUST

NOVEMBER

DEZEMBER

Lieblingspflanzen: (buntes) Blatt

Euphorbia schillingii

Blattpflanzen braucht man zum Neutralisieren, zum Verstärken oder als Akzent zwischen den Farben und Formen, die ein Beet bestimmen. Auch Ziergräser kann man zu den Blattpflanzen zählen, da sie in ihrer Erscheinung ganz anders sind als Beetpflanzen. In diesem Fall geht es aber um Pflanzen mit besonderen Blättern. Form, Farbe und Größe, aber mehr noch die Kombination der drei Aspekte, haben meine Liste bestimmt:

Aralia cordata 'Sun King'

Brassica oleracea 'Redbor'

Brunnera macrophylla 'Sea Heart'

Carex comans 'Bronco'

Euphorbia schillingii

Heuchera villosa

Ipomoea batatas 'Marguerite'

Perilla frutescens

Rubus odoratus

Trachystemon orientalis

Aralia cordata 'Sun King'

Brassica oleracea 'Redbor'

Brunnera macrophylla 'Sea Heart'

Carex comans 'Bronco'

Heuchera villosa

Ipomoea batatas 'Marguerite'

Perilla frutescens

Rubus odoratus

Trachystemon orientalis

Blumenbeete bei Schloss Amerongen

Der Blumengarten von Schloss Amerongen besteht aus zehn Beeten, die jeweils eine Fläche zwischen 20 und 25 Quadratmetern haben. Dieses Format lässt sich gut auf einen Privatgarten übertragen. Die Basis der Beete bilden nicht so groß werdende Sträucher wie *Perovskia* und *Lespedeza*. Die Hauptrolle spielen Stauden, ergänzt von Ziergräsern. Soweit wie möglich wurden Stauden ausgewählt, die auch im Winter schön sind, weil sie entweder ihre Blätter behalten *(Helleborus, Geum)* oder wie *Sedum* und *Agastache* eine charakteristische Wintersilhouette zeigen. Zusammen mit Ziergräsern wie *Pennisetum* und *Carex* sorgen sie dafür, dass die Wintermonate nicht langweilig werden.

Für die Farbgebung wurden warme Töne gewählt: Rot, Orange, Tiefblau und Lila. Diese wiederholen sich so weit wie möglich bei den Frühjahrszwiebeln (Tulpen 'Don Quichotte', 'Recreado', 'Ballerina' und 'Couleur Cardinal') sowie bei den Dahlien wie 'David Howard' (orange) und 'Karma Lagoon' (lilarosa) – im Sommer echte Blickfänger. Die Kombination von Frühjahrszwiebeln, Stauden und Sommerknollen taucht den Garten von früh bis spät im Jahr in ein Meer aus Farben; in den Wintermonaten zeigen sich die Beete stiller, aber immer noch mit deutlich Struktur.

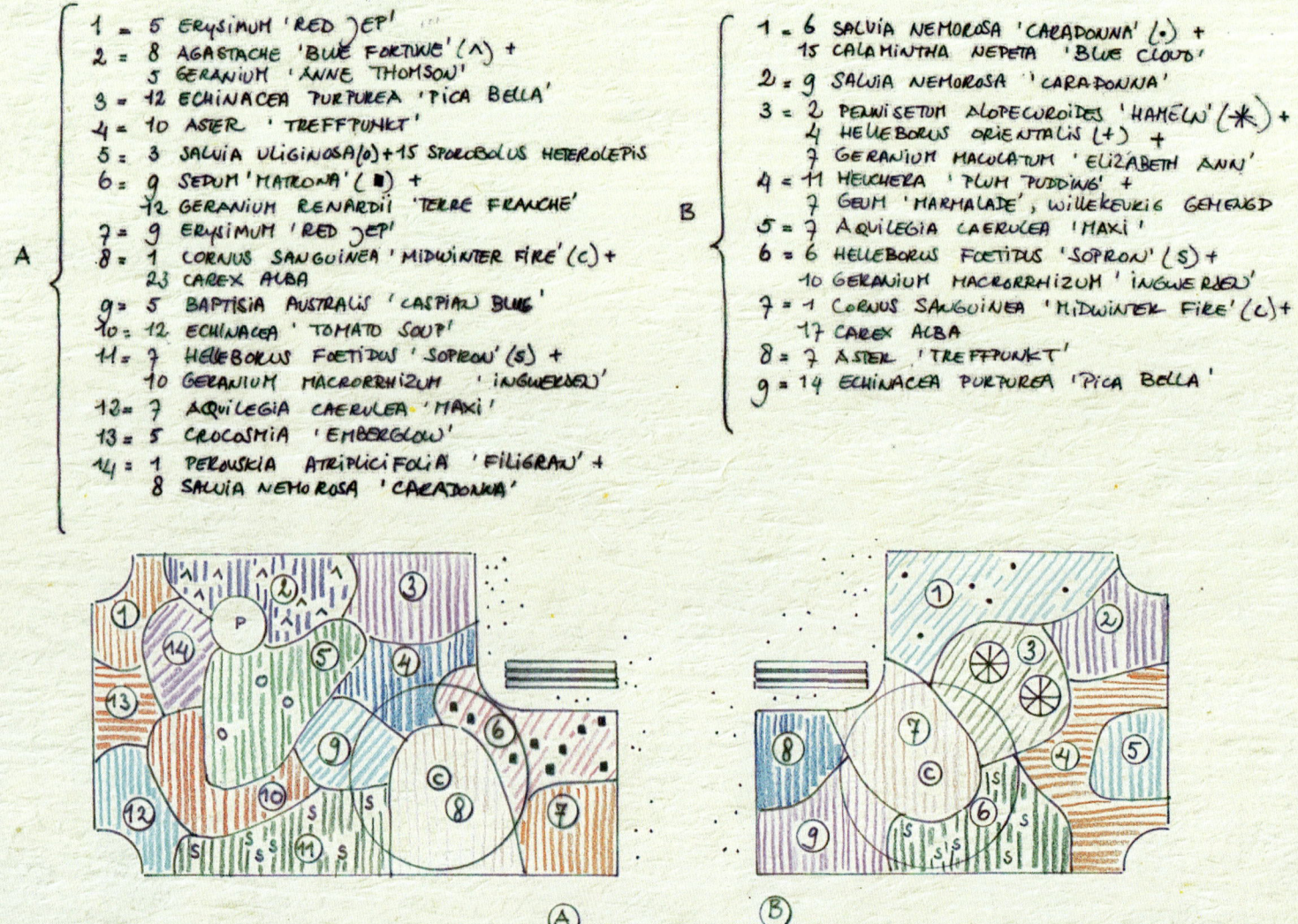

AUGUST

REGISTER

Kursiv gesetzte Seitenzahlen verweisen auf Abbildungen.

A

Abraham-Isaac-Jacob, siehe: *Trachystemon orientalis* 264, *265*
Abessinische Gladiole, siehe: *Acidanthera murielae*
Acanthus spinosus 234
Acer (Ahorn)
 capillipes (Roter Schlangenhautahorn) 95
 griseum (Zimtahorn) 95, *96*
Acidanthera
 bicolor 189
 murielae (Abessinische Gladiole) 190, *190*, 246, *247*, 259
Aconitum (Eisenhut) 40, 45
 carmichaelii 'Arendsii' *42*, 65, 136, *137*
Acorus gramineus 'Ogon' 28
Aegopodium podagraria (Giersch) 209, 231
Aesculus 128
Agapanthus 49
 hybr. 'Blue Heaven' 154, *154*
Agastache 215, 256, 266
 'Blue Fortune' *215*, 257–258, 266
Ageratum houstonianum 'Red Sea' 56, *57*
Ahorn, siehe: *Acer*
Ahorn, Roter Schlangenhaut-, siehe: *Acer capillipes*
Ajuga reptans 'Catlin's Giant' *168*
Akelei, siehe: *Aquilegia*
Akerendam, Huis 190, *191*
Alcea 86
 Alcea rosea (Stockrose, Stockmalve) 226, *226*
Alchemilla mollis (Frauenmantel) 210
Allium 45, 86, 146, 182
 aflatunense 34, *34*
 aflatunense 'Purple Sensation' *88*, 89
 atropurpureum 184
 'Beau Regard' 182, *183*, 184, *213*
 christophii 182
 cowanii (Neapolitanischer Lauch) 89
 'Firmament' 89
 'Gladiator' 34, *35*
 'His Excellency' *48*
 moly 89
 nigrum 65, *87*, 136, *136*, 182, *183*

oreophilum 89
roseum 89, 182, *183*
senescens 256, 257
sphaerocephalon (Kugelköpfiger Lauch) 89
triquetrum (Glöckchenlauch) 49, 89, *90*
ursinum (Bärlauch) 49, *50*, 89, *90*, 160, *183*
'Violet Beauty' 182, *183*, 184, *219*
zebdanense 182, *183*
Alnus (Erle) 128
Alstroemeria 'Indian Summer' (Inkalilie) *200*, 201
Amaranthus
 'Hot Biscuits' 78, *79*, 246, *247*
Amelanchier (Felsenbirne) 45
 arborea 'Robin Hill' 95
 lamarckii 118, *119*, *172*
 lamarckii 'Ballerina' 95
Amerongen Schloss 212, *214*, 215, 266
Amsterdam 112, 218, *220*, 257–259
Anemanthele lessoniana 28
Anemone 40, 50, 156, 232
 blanda 20, 146
 blanda 'Blue Shades' 154, *155*
 blanda 'White Splendour' 156
 canadensis 49
 coronaria (Garten-Anemone) 86, *90*
 coronaria 'Mr. Fokker' *91*
 coronaria 'Sylphide' *91*
 hybr. 'Honorine Jobert' 118
 hybr. 'Königin Charlotte' *36*
 tomentosa 'Robustissima' *43*, 50, 102, *102*
Anisodontea capensis 102, *103*
Anthemis tinctoria 'Wargrave Variety' 257
Apeldoorn 239–241, *240*, *241*
Appeltern 212, *214*
Aquilegia (Akelei) 118, 126, 184, *187*, 210
 caerulea 'Maxi' 266
 chrysantha 'Yellow Queen' 178, *179*
 vulgaris (Gemeine Akelei) *184*
Aralia cordata 'Sun King' 264, *265*
Arnheim 191, *191*, 254, *254*
Artemisia
 pontica 185
 'Powis Castle' *250*
Aruncus dioicus 235
Asclepias tuberosa 257
ASR 256–257

Aster 40, 185
 divaricatus 118
 frikartii 'Mönch' 34, *35*
 'Treffpunkt' *43*, 266
Astilbe hybr. 'Deutschland' *233*
Astrantia major 'Claret' 258

B

Bad Driburg 72, *72*
Bad Essen 71–72, *72*, 170–171, *170*, 252, 252–253
Bärlauch, siehe: *Allium ursinum*
Bäume für kleine Gärten 92–96
Bäume pflanzen *145*, 145–146
Baptista australis 'Caspian Blue' 266
Begonia 188
 'Crackling Fire Creamy Yellow' 246, *247*
Bellis (Maßliebchen) 70, 85, 141
Bepflanzungsplan 36, *36*, 45, 49, 63, 128, *128*, 156, *156*, 169–170, 192, 228, *228*, 266, *266*
Berg en Bos 239–241, *240*, *241*
Berufskraut, siehe: *Erigeron karvinskianus*
Betula 128
 nigra (Schwarzbirke) 92, *93*, 128
Beverwijk 190, *191*
Bewässerung 60, 234–235, 250
Bidens ferulifolia
 'Bellamy White' 246, *247*, *186*
 'Hawaiian Flair' 228, *229*
 'Hawaiian Flair Red Drop' 226, *227*
Blasenbaum, siehe: *Koelreuteria paniculata*
Blattpflanzen 78, 228, 240, 264
Blumenzwiebelbänder 156, *156*, *157*, *167*
Blumenzwiebelfest 165–166
Blumenzwiebeln pflanzen 20, *20*, 39, 45–49, *46*, *47*, 60, 63, 86–88, 113, 167–171
Blutgras, Japanisches, siehe: *Imperata cylindrica* 'Red Baron'
Botanischer Garten Gütersloh 72
Brombeeren 220, 235
Buchs, siehe: *Buxus*
Buchsbaumzünsler 21–22, *21*, *22*
Brassica oleracea 'Redbor' 264, *265*
Broussonetia papyrifera (Papiermaulbeerbaum) 45, 94–95
Brunnera macrophylla 172
 'Jack Frost' *172*
 'Sea Heart' 172, 238, *238*, 264, *265*

'Variegata' *168*
Blumenzwiebeln pflanzen 45–47, 86–88, *87*, 113
Bussche, Viktoria von dem 170
Buxus (Buchsbaum) 11, 18, 109, 182

C

Caladium bicolor 'White Queen' 246, *247*
Calamagrostis (Reitgras) 232
 acutiflora 'Overdam' 28, *29*, 136, *137*, 258
Calamintha nepeta 'Blue Cloud' 266
Camassia (Prärielilie) 86, 91, 182, *187*, 217
 cusickii 91
 leichtlinii 'Alba' *183*
 leichtlinii 'Caerulea' 89, 91, *183*
 leichtlinii 'Sacajawea' 91
 quamash 56, *56*, 91
Campanula (Glockenblume) 118
 lactiflora 'Loddon Anna' 185, *185*, 210, *210*, *213*, 217
Canna 192
Cardamine
 heptaphylla (Fieder-Zahnwurz) 171, *171*, 259
 hirsuta (Viermänniges Schaumkraut) 124
Carex (Segge) 266
 alba 266
 comans 'Bronco' 264, *265*
Carpinus 128
 betulus (Hainbuche) 182
Castanea (Kastanie) 128
Cercis canadensis 'Forest Pansy' (Judasbaum) 96, *96*
Chelsea Chop *185*, 185
Chicago *62*, 63, *63*
Chionodoxa (Schneestolz) 20, 45, 156
 forbesii 'Pink Giant' 156
Choisya ternata
 'Aztec Pearl' *36*, 118, *119*
 'White Dazzler' 22
Christrose, siehe: *Helleborus*
Cichorium intybus 154, *155*
Cimicifuga 118
Cisco 257
Cladrastis lutea (Gelbholz) *42*, 45, 94–95, *95*
Clematis 144, *145*
 'Paul Farges' 118, *119*
Cleome (Spinnenblume)
 hybr. 'Sparkler' 246, *247*
 'Señorita Rosalita' 34, *35*, *233*

Clerodendrum trichotomum var. *fargesii* (»Erdnussbutterbaum«) 96, 118, *119*
Colchicum (Zeitlose)
   autumnale 'Album' 25
   'Giant' 25
   'Waterlily' *24*, 34, *35*
Coreopsis
   tripteris 18, 40, *43*, 185
   verticillata 'Moonbeam' 178, *179*
Cornus (Hartriegel) 141, *144*
   sanguinea 'Midwinter Fire' 266
Cosmos
   atrosanguineus 34, 189, 190
   bipinnatus 246, *246*
   sulphureus *200*, 201
Cotoneaster 254
Crataegus monogyna (Weißdorn) *43*, 92, *94*, 144, *145*, 182, 194, 210, 220, 235
Crocosmia (Montbretia) 146, 190
   'Emily McKenzie' 257
   'Fire King' 190, 257
   'George Davison' 190, *200*, 201, 232, *233*, 257
   'Lucifer' 190, 226, *227*, 232, *233*
Crocus 20, 45, 146
   chrysanthus 'Cream Beauty' 178, *179*
   chrysanthus 'Gipsy Girl' 131
   speciosus 'Conqueror' 25, 27, 40, *42*
   vernus 'Vanguard' 48

D
Dachgarten *256*, 256–259
Dahlia 18, *18*, 188, 192, 215, 239–240, *240*
   'Cathérine Deneuve' 189
   'David Howard' 266
   'Giraffe' *188*
   'Happy Single Wink' 189
   'Honka Surprise' 226, *227*
   'Honka White' 189
   'Karma Lagoon' 189, 266
Delavays Liguster, siehe: *Ligustrum delavayanum*
Deutzia 210, *213*
Dianella tasmanica 154, *155*
Digitalis (Fingerhut) 85
   lutea (Gelber Fingerhut) 126
Disneyland Paris *18*, 18–19, 198, 192, *193*
Distelstecher 113
Dünger 186

E
Echinacea
   purpurea 'Fatal Attraction' 102, *103*
   purpurea 'Pica Bella' 266
   'Tomato Soup' 266
Einjährige 68, 70, 85–86, 97, 154, 169–171, 186–190, 192, 201, 228, *228*, 239–240, 246, 252, *253*, 254
Eisblumen 238–239, *239*
Eisenhut, siehe: *Aconitum*
Eisenkraut, siehe: *Verbena*
Ellipsenförmige Beete 36, *36*, *37*
Epilobium angustifolium (Schmalblättriges Weidenröschen) 233
   angustifolium 'Album' 232
»Erdnussbutterbaum«, siehe: *Clerodendrum trichotomum* var. *Fargesii*
Erigeron karvinskianus (Berufskraut) 126, 246, *247*
Erysimum (Mauerblümchen) 70, 126, 141, 172, 207, 208
   'Apricot Delight' 207
   'Apricot Twist' 207
   'Bowles' Mauve' *209*
   'Covent Garden' 172
   'Fire King' 207
   'Primrose Dame' 207
   'Red Jep' 172, *209*, 266
Erodium manescavii 18, 102, *103*
Eryngium yuccifolium 78, *79*
Esche, siehe: *Fraxinus*
Eucomis comosa 'Sparkling Rosy' 78, *79*
Euphorbia (Wolfsmilch) 232
   amygdaloides robbiae 172
   characias wulfenii 172
   cyparissias 'Clarice Howard' 257
   griffithii 'Fire Glow' 172, *200*, 201
   myrsinites 78, *79*
   niciciana ssp. *seguieriana* 219
   polychroma 172
   schillingii 232, *233*, 264, *264*
   seguieriana ssp. *niciciana* 232
Exochorda (Radspiere) 156
   macrantha 'The Bride' 118, *119*, 156
Expo 2000 169–170

F
Fagus (Buche) 128, 182
Felsenbirne, siehe: *Amelanchier*
Fieder-Zahnwurz, siehe: *Cardamine heptaphylla*
Fingerhut, siehe: *Digitalis*
Fingerhut, Gelber, siehe: *Digitalis lutea*

Flattergras, siehe *Milium*
Flieder, siehe: *Syringa*
Flint, Edward 141
Frauenmantel, siehe: *Alchemilla mollis*
Fraxinus (Esche) 128
Fritillaria Rascals 'Bach' *200*, 201
Früh blühende Stauden 171–172
Frühjahrsblumenzwiebeln 10, 19, 36, 39, 45–50, 68–73, 86–91, 110, 131, 141, *143*, 154, 156, 160, 163, 165, 168, 170–171, 182, 186, 215, 254, 266
Funkien, siehe *Hosta*

G
Galanthus (Schneeglöckchen) 27, 106–107, *106*, 110–111, *110*
   elwesii 27
   elwesii var. *monostictus* 27
   nivalis 27
   nivalis 'Flore Pleno' 27
Garten-Anemone, siehe: *Anemone coronaria*
Gartenbücher 97
Gartenwerkzeug 113, *236*
Gelbdolde, siehe: *Smyrnium*
Gelbholz, siehe: *Cladrastis lutea*
Gaura 122, 144, 192
   lindheimeri 18, 188, 232
   lindheimeri 'Whirling Butterflies' 118, *188*, *233*
Geranium 118, 232
   'Ann Folkard' 18, 40, *42*
   'Anne Thomson' 266
   macrorrhizum 209, 217
   macrorrhizum 'Ingwersen' 266
   macrorrhizum 'Spessart' 217
   maculatum 'Elizabeth Ann' 34, *35*, 266
   magnificum 56, *57*, 209
   'Mrs. Kendall Clark' 213
   psilostemon 213
   renardii 'Terre Franche' 266
   'Rozanne' 36, 257
   sanguineum 'Apfelblüte' 102, *103*
   sylvaticum 'Album' 185
   sylvaticum 'Mayflower' 185
Geum 184, 266
   chiloense 'Dolly North' 257
   'Marmalade' 266
Giersch, siehe: *Aegopodium podagraria*
Gießen, siehe: Bewässerung
Gladiole, Abyssinische, siehe: *Acidanthera murielae*
Gladiolus callianthus murielae, siehe: *Acidanthera bicolor*
Glockenblume, siehe: *Campanula*
Glöckchenlauch, siehe: *Allium triquetrum*

Gräflicher Park 72, *72*
Great Dixter 91
Gütersloh 72

H
Hainbuche, siehe: *Carpinus betulus*
Hakonechloa macra 28, *28*, 136, *137*, 233
   'Albostriata' 28, 238
Halesia monticola (Schneeglöckchenbaum) 95, 96
Hannover 169
Hartriegel, siehe: *Cornus*
Hasenglöckchen 50
Hechtkraut, siehe: *Pontederia*
Hecke 24, 107, 109, 146, 182, 209
Helichrysum petiolare 'Silver' 186
Helleborus (Christrose) 82–83, 85, 266
   foetidus (Stinkende Nieswurz) 82, 126
   foetidus 'Sopron' 266
   orientalis 82, *83*, 126, *126*, 210, 266
   orientalis 'Pretty Ellen Pink' 36, 85
   orientalis 'Pretty Ellen Red' 85
   orientalis 'Pretty Ellen White' 85
   × *ericsmithii* 'Pirouette' 102, *103*, *127*
Herbstanemonen 40
Herbstblühende Zwiebelgewächse 25, 27
Heuchera
   'Plum Pudding' 266
   villosa 264, *265*
Himmelsbambus, siehe: *Nandina domestica* 'Blush Pink'
Honiglauch, Sizilianischer, siehe: *Nectaroscordum siculum*
Hortensien, siehe: *Hydrangea*
Hosta 64, 232
   sieboldiana 'Frances Williams' 238
Houttuynia cordata 'Chameleon' 49
Huis Akerendam 190, *191*
Hyacinthoides 20
   hispanica 154, *155*
Hyacinthus (Hyazinthe) 144, 146, 156, 160, 169
   'Delft Blue' 160
   'Gipsy Queen' 156
   multiflora 'Pink Festival' 48
   'Pink Festival' 156
   'Yellow Queen' 156
Hyazinthe, siehe: *Hyacinthus*
Hydrangea (Hortensien) 45, 122, *123*, 144, *145*, 232, 250
   aspera 'Macrophylla' 136, *137*
   macrophylla 136, *137*

REGISTER **269**

macrophylla 'Mariesii' 232, *233*
macrophylla 'Mme Emile Mouillière' 36, *64*, 118, *119*
macrophylla 'Romance' 102, *103*
macrophylla 'Variegata' 238
sargentiana 233
Hypericum (Johanniskraut) 45
inodorum 'Elstead' 36, *43*, 122, *123*, 136, *137*, 232, *233*, 250

I

IBC, siehe: Internationales Blumenzwiebelzentrum
Imperata cylindrica 'Red Baron' (Japanisches Blutgras) 28, *29*, 42, 45, *250*
»In the green« 110–111
Inspiration 112, 125, 255
Internationales Blumenzwiebelzentrum (IBC) 19–20
Ipomoea (Prunkwinden)
batatas 'Marguerite' (Süßkartoffel) 264, *265*
tricolor 'Heavenly Blue' 154, *155*
Ippenburg, Schloss 71–72, *72*, *170*, 170–171, *252*, 252
Iris 'Katherine Hodgkin' 125, *125*
Ixia paniculata 'Eos' 217, *218*

J

Jan Evertsenplaats 192
Japanisches Blutgras, siehe: *Imperata cylindrica* 'Red Baron'
Johanniskraut, siehe: *Hypericum inodorum* 'Elstead'
Judasbaum, siehe: *Cercis canadensis* 'Forest Pansy'
Judspfennig, siehe: *Lunaria*
Johanniskraut, siehe: *Hypericum*
Juglans (Walnuss) 128

K

Kaa, Romke van de 113
Kalimeris incisa 185
'Blue Star' 34, *35*, 36
Kataloge 97
Keukenhof 141, 143, *143*, 156, *156*, *157*, *167*, 167–169, *168*
Kirengeshoma 45
palmata 178, *179*, 235
Klematis 144, *145*
Koelreuteria 45
paniculata (Blasenbaum) 96, 146
Kosmetische Pflege 64
Kugelköpfiger Lauch, siehe: *Allium sphaerocephalon*

L

Landesgartenschau 71, 171, *252*, 252–253
Lavatera
olbia 'Rosea' *213*
'White Angel' 118, *118*
Lavendel 122, 144, 226
Leinkraut, siehe: *Linaria*
Lespedeza 266
Leucojum
aestivum 'Gravetye Giant' (Sommerknotenblume) 48, 160, *161*
vernum (Märzenbecher) 111, *110*
Liguster, siehe: *Ligustrum*
Ligustrum delavayanum (Delavays Liguster) 182, 211–212, *212*
Lilien, siehe: *Lilium*
Lilienhähnchen 188
Lilium (Lilien) 188
'African Queen' *188*
'Casa Blanca' 188
lancifolium 200, *201*
martagon 102, *103*, 189
'Orange Cocotte' 200, *201*
'Orange Electric' 189
'Sheherazade' *188*
tigrinum 'Splendens' 189
× *testaceum* 189
Linaria (Leinkraut) 126
Liriope muscari *43*, 56, *57*
Lloyd, Christopher 91
Lobelia speciosa
'Fan Red' 226, *227*
'Tania' 56, *57*
Lunaria (Judaspfennig) 118
rediviva (Mondviole) *65*, 126, 136, *137*, 172
Lurie Garden *62*, 63
Lysimachia punctata 50
Lythrum salicaria 'Swirl' 102, *103*

M

Magnolia obovata 94–95, *95*, 118, *119*, 194, *194*
Mahagoni-Kirsche, siehe: *Prunus serrula*
Malus 'Évereste' (Zierapfel) 96
Marseille 255, *255*
Märzenbecher, siehe: *Leucojum vernum*
Maßliebchen, siehe: *Bellis*
Mauerblume, siehe: *Erisymum*
Meconopsis cambrica (Kambrischer Scheinmohn) 126, 200, *201*
Melica ciliata 28
Milium (Flattergras) 68, 124, 126
effusum 'Aureum' 28, *28*, 124, 146, 172
Millennium Park *62*, *63*, 63
Minigärten 141, *143*, 141, *142*, *143*, 144
Mohn 126–127; siehe auch: *Papaver*
Mondviole, siehe: *Lunaria rediviva*
Montbretia, siehe: *Croscosmia*
Mucem 255, *255*
Mulchen 186
Muscari (Traubenhyazinthe) 14, *14*, 20, *142*, 144, 156, *162*
azureum 'Album' 156
Myosotis (Vergissmeinnicht) 64, 70, 85, *84*, 126, 141, *162*
sylvatica 154, *155*

N

Nagasaki 68–71, *69*, *71*
Nandina domestica 'Blush Pink' (Himmelsbambus) 22
Narcissus (Narzissen) 45, 86, *147*, 156, 169, 182, 186, 217, 235
'Cragford' 156
'Elka' *48*
'February Gold' 146, *149*, 166
'February Silver' 160
'Geranium' 156
'Golden Dawn' 156
'Ice Wings' 160
'Jenny' 160, *161*
'Little Gem' 146, *149*
'Sailboat' 156, 160, *168*
'Swallow' 178, *179*
'Tête-à-Tête' 141
'Thalia' *48*
'W.P. Milner' 166
Neapolitanischer Lauch, siehe: *Allium cowanii*
Nectaroscordum siculum (Sizilianischer Honiglauch) 86, 89, *89*, *183*, 184
Nepeta 'Kit Cat' 36
Neubepflanzung 68, 110, 144–146, 215, 220
Nicotiana
langsdorffii 'Tinkerbell' 192
sylvestris 246, *247*
Niederländisches Freilichtmuseum Arnheim 190, *191*
Nieswurz, Stinkende, siehe: *Helleborus foetidus*

O

Omphalodes nitida 154, *155*
Ornithogalum (Stern von Bethlehem)
ponticum 48
ponticum 'Sochi' 217, *219*
saundersiae 189
Osmanthus burkwoodii 22
Oudolf, Piet 63, 72, 111, 190

P

Paeonia (Pfingstrose) 125, 184
'Red Charm' 226, *227*
Panicum virgatum
'Fontaine' *228*
'Rehbraun' *257*
Papaver
orientale 'Helen Elisabeth' 102, *103*
somniferum 'Lauren's Grape' *126*, 127
Papenburg 252, 252–253
Papiermaulbeerbaum, siehe: *Broussonetia papyrifera*
Paris 18, 18–19, 192, *193*
Pennisetum 266
alopecuroides 'Hameln' *28*, 258, 266
glaucum 'Jade Princess' 228, *228*
'Karley Rose' *253*
macrourum 78, *79*
setaceum 'Rubrum' 68, 246, *247*
'Vertigo' 78, *79*
Perilla frutescens 264, *265*
Perovskia 266
atriplicifolia 34, *35*
atriplicifolia 'Filigran' 266
Persicaria
amplexicaulis 250
filiformis 'Alba' 238
Pflanzenstützen 144, 185
Pfingstrose, siehe: *Paeonia*
Philadelphus (Sommerjasmin) 210
Phlomis russeliana 36
Phlox 185, 231, 232
'Blue Paradise' *233*
paniculata 'Düsterlohe' 56, *57*
Platanus 128
Pontederia (Hechtkraut) 24
Populus 128
Potentilla 'Arc-en-Ciel' 226, *227*
Prärielilie, siehe: *Camassia*
Primula 171
elatior (Hohe Schlüsselblume) 126, 171, 178, *179*
Prunus serrula (Mahagoni-Kirsche) *65*, 94, *96*, 194
Puschkinia 156
scilloides var. *Libanotica* 'Alba' 156

Q

Quercus 128

R

Radspiere, siehe: *Exochorda*
Ranunculus psylostachys 50, *50*
Rechen 64, 113, 124
Reitgras, siehe: *Calamagrostis*
Renovierung 127–128, 131, 167–169
Rhazya orientalis 154, *155*
Ricinus communis 'Carmencita Red' 226, *227*
Rodgersia 232
Romneya coulteri 118, *119*

Rosa (Rose)
   chinensis 'Mutabilis' 220
   'Golden Wings' 178, *178*
   'King Edward VIII' 218–220, *220*
   rugosa 'Dagmar Hastrup' 220
   'Westerland' *200*, 201, *221*
Rotbuche, siehe: *Fagus sylvatica*
Rotterdam 36, *36, 37,* 192
Royal Mile 239–241, *240, 241*
Rubus odoratus 264, *265*
Rudbeckia
   fulgida deamii 257
   fulgida 'Goldsturm' 36
   hirta 'Goldilocks' 228, *229*

S
Sackville-West, Vita 97
Sämlinge 68, *84,* 85, 105, 122, *124,* 125, 126, *126,* 172, 208
Salbei, siehe: *Salvia*
Salix (Weide) *124,* 127, 141, 142
Salvia (Salbei) 228
   farinacea 'Cirrus' 78, *79*
   guaranitica 253
   guaranitica 'Black and Blue' *253*
   nemorosa 'Caradonna' 36, 56, *57,* 257, 266
   officinalis 'Icterina' 228, *229*
   officinalis 'Purpurascens' 78, *79*
   uliginosa 154, *155,* 186–187, *188,* 192, 253, *253,* 266
   viridis 56, *57*
   'Wendy's Wish' *186*
Saruma henryi 178, *179*
Saxifraga cortusifolia var. *fortunei* 40, *42*
Schabenkönigskerze, siehe: *Verbascum blattaria*
Schaumkraut, Viermänniges, siehe: *Cardamine hirsuta*
Scheinmohn, Kambrischer, siehe: *Meconopsis cambrica*
Schlüsselblume, Hohe, siehe: *Primula elatior*
Schneeglöckchen, siehe: *Galanthus*
Schneeglöckchenbaum, siehe: *Halesia monticola*
Schneestolz, siehe: *Chionodoxa*
Schul, Jane 240
Schneiden 122, *123, 124,* 144, 182
Schwarzbirke, siehe: *Betula nigra* 92, 128
Scilla 20, 45, 166
   litardierei 182, *183*
   mischtschenkoana 146, *149*
   siberica 146, *149*
Sedum 266
   'Matrona' 36, 250, *250,* 266
Segge, siehe: *Carex*
Selbstaussäende 126–127

Senecio cineraria 'Cirrus' 78, *78*
Sesleria autumnalis 36
Shinko Central Square 69, 71
Silhouette 28, 40, 45, 60, 64, 266
Sissinghurst 78, 97
Skimmia 141
Smyrnium (Gelbdolde) 126, *126,* 187
   perfoliatum (Stängelumfassende Gelbdolde) 178, *179,* 208–209, *210*
Solidaster luteus 178, *179*
Sommerblumenzwiebeln 181, 186, 188–192, 266
Sommerjasmin, siehe: *Philadelphus*
Sommerknotenblume, siehe: *Leucojum aestivum* 'Gravetye Giant'
Sophora japonica 'Regent' 145
Spinnenblume, siehe: *Cleome*
Sporobolus heterolepis 266
Stern von Bethlehem, siehe: *Ornithogalum*
Stewart, Martha 19–21, *20,* 238, 239
Stiefmütterchen 141, *142,* 144
Stipa
   tenuissima 136, *137,* 257, 258
   tenuissima 'Pony Tails' 28, *29*
Stockrose, Stockmalve, siehe: *Alcea*
Struktur 18, 22, 36, 60, 92, 94, 107, 109, *108,* 136, 192, 228, 254, 266
Syringa (Flieder) 210

T
Tagetes 246
   'Linnaeus' 226, *227*
   patula 'Disco Red' 228, *229*
Teich 22–23, *23, 24,* 107, 109, *233*
Thalictrum delavayi
   'Splendide' 34, *35*
   'Splendide White' *235,* 238
Theetuin, De 10
Thuja 109, 146
Trachystemon orientalis 264, *265*
Traubenhyazinthe 14, *14,* 142, 143, *144, 162,* 163, 186; siehe auch *Muscari*
Triteleia 217
   laxa 'Koningin Fabiola' *218*
   laxa 'Ruby' *189*
Tulipa (Tulpe) 45, 47, 60, 70, 71, 86–87, *130,* 131, 146, 156, 163–166, *171,* 182
   'Aladdin' *166*
   'Apricot Beauty' 163, *168*
   'Apricot Impression' 168
   'Ballerina' *61,* 90, 156, *161,* 163, *163,* 266

   'Black Hero' *161*
   'Black Parrot' 87
   'Burgundy Lace' 182
   'Christmas Dream' 156
   clusiana 146
   'Colour Cardinal' 266
   'Daydream' 90, *161,* 163
   'Don Quichotte' 266
   'Flaming Parrot' 87, *87,* 182
   'Flashback' *61,* 163
   'Jacqueline' *91,* 131, *163,* 164–165, *166*
   'Jewel of Spring' *161,* 166
   'Lady Jane' *161*
   'Leo' 226, *227*
   'Mariette' *163,* 164–165, *166*
   'Marilyn' 90
   'Maureen' 182, *183*
   'Mount Tacoma' 156
   'Orange Emperor' 156
   'Orange Favourite' 156
   'Orange Princeps' 161
   'Peppermint Stick' *61*
   praestans 'Shogun' *141, 161*
   'Professor Röntgen' 87
   'Purissima' 156, *168*
   'Recreado' 131, 163, 266
   'Request' *163*
   saxatilis 61
   'Spring Green' *163*
   tarda 61
   turkestanica 161
   'West Point' *161,* 163, *163*
   'White Triumphator' 87, *89,* 131, 156, *161,* 166
   whittallii 163
   'Yellow Purisima' *166*
Tulpe, siehe: *Tulipa*
Tulpenbänder *167*

U
Unkraut 122, 186, 209, 234
Utrecht 256–257

V
Veilchen 168
Verbascum blattaria (Schabenkönigskerze) 126
Verbena (Eisenkraut)
   bonariensis 126, 136, *137,* 250, *250,* 253, 257
   bonariensis 'Lollipop' 56, *57*
   rigida 'Polaris' 226
   rigida 'Venosa' 187
Vergissmeinnicht, siehe: *Myosotis*
Veronica longifolia 'Marietta' 56, *57,* 210, *213*
Veronicastrum 250
   virginicum 'Album' 210, *211*

Viburnum 112
   bodnantense 'Dawn' 72, 111
   plicatum 'Watanabe' 45, 118, *119,* 184
   tinus 141
Viola 141, *142,* 144, 168
Vitex agnus-castus 34, *35*
Volmary 252, *252*

W
Weißdorn, siehe: *Crataegus monogyna*
Werkzeug, siehe: Gartenwerkzeug
Wessel, Jan Willem 167
Weide, siehe: *Salix*
Weidenröschen, Schmalblättriges, siehe: *Epilobium angustifolium*
Winterannuelle 85–86
Winterschutz 49, *49*

Y
Yokohama 59, 68, *69,* 70–71

Z
Zeitlose, siehe: *Colchicum*
Zierapfel, siehe: *Malus* 'Evereste'
Ziergräser 28, 45, 63, *63,* 71, 122, 143, 226, 228, 238, 254, 256–258, 264, 266
Zimtahorn, siehe: *Acer griseum*
Zinnia marylandica 'Double Zahara Fire' 201, *201*
Zwiebelgewächse, siehe: Frühjahrsblumenzwiebeln, herbstblühende Zwiebelgewächse, Sommerblumenzwiebeln

Dank

Ein Wort des Dankes zu schreiben fühlt sich ein bisschen wie eine Verpflichtung an. Man denkt, dass man nach dem langen Prozess des Schreibens und noch mal Schreibens, zigfachen Durchlesens und Verbesserns endlich fertig ist, und dann kommt doch noch was. Lese ich selbst ein Buch, dann überschlage ich das Dankwort meist, denn oft versandet man in den endlosen Namenlisten, die dem Leser häufig nichts sagen.

Aber auf der anderen Seite: Das Resultat dieses Buches – ein fast vierjähriger Prozess – ist nicht nur mein Verdienst. Der große Motor im Hintergrund war meine Agentin und Co-Verlegerin Hélène Lesger, die während der ganzen Zeit unermüdlich mitlas, zwischenzeitlich mit neuen Ideen kam, mich motivierte, wenn ich müde wurde, und die neben all ihrer anderen Arbeit den gesamten Prozess so gut begleitete, dass nun ein Buch vorliegt, auf das wir beide stolz sind. Mein großer Dank gilt ihr.

Dank gilt auch Koos van Beusekom vom Forte Verlag, der erneut bereit war, ein Buch von mir herauszugeben. Und natürlich gilt der Dank auch allen anderen, die zum Buch beigetragen haben: allen Fotografen, die mir fehlende Bilder lieferten, darunter die Kollegen Piet Oudolf und Cor van Gelderen, Volken Beck, und für die Gestaltung des Buches Wouter Eertink, der auch die Produktion bis zum Ende begleitete: ein nach unserer Idee augenschmeichelndes Ganzes.

Mit diesem hoffentlich lesbaren Dank ist das Buch fertig. Ich freue mich schon auf mein nächstes!